Mitos y leyendas vikingos

Relatos apasionantes, cuentos e historia de los vikingos y la mitología nórdica

© Copyright 2024

Todos los derechos reservados. Ninguna parte de este libro puede ser reproducida de ninguna forma sin el permiso escrito del autor. Los revisores pueden citar breves pasajes en las reseñas.

Descargo de responsabilidad: Ninguna parte de esta publicación puede ser reproducida o transmitida de ninguna forma o por ningún medio, mecánico o electrónico, incluyendo fotocopias o grabaciones, o por ningún sistema de almacenamiento y recuperación de información, o transmitida por correo electrónico sin permiso escrito del editor.

Si bien se ha hecho todo lo posible por verificar la información proporcionada en esta publicación, ni el autor ni el editor asumen responsabilidad alguna por los errores, omisiones o interpretaciones contrarias al tema aquí tratado.

Este libro es solo para fines de entretenimiento. Las opiniones expresadas son únicamente las del autor y no deben tomarse como instrucciones u órdenes de expertos. El lector es responsable de sus propias acciones.

La adhesión a todas las leyes y regulaciones aplicables, incluyendo las leyes internacionales, federales, estatales y locales que rigen la concesión de licencias profesionales, las prácticas comerciales, la publicidad y todos los demás aspectos de la realización de negocios en los EE. UU., Canadá, Reino Unido o cualquier otra jurisdicción es responsabilidad exclusiva del comprador o del lector.

Ni el autor ni el editor asumen responsabilidad alguna en nombre del comprador o lector de estos materiales. Cualquier desaire percibido de cualquier individuo u organización es puramente involuntario.

Índice

INTRODUCCIÓN 1
CAPÍTULO UNO - INTRODUCCIÓN A LA HISTORIA VIKINGA 2
CAPÍTULO DOS - UNA LEYENDA VIKINGA: GRETTIR EL PROSCRITO 12
CAPÍTULO TRES - UNA GUÍA DE LAS DEIDADES NÓRDICAS 20
CAPÍTULO CUATRO - EL COSMOS NÓRDICO: EL AMANECER DE LOS TIEMPOS 30
CAPÍTULO CINCO - YGGRASIL Y LOS NUEVE REINOS 37
CAPÍTULO SEIS - ODÍN, EL PADRE DE TODOS 45
CAPÍTULO SIETE - EL VALHALLA Y EL MÁS ALLÁ 52
CAPÍTULO OCHO - FREYJA, LA DIOSA PARA TODAS LAS ESTACIONES 60
CAPÍTULO NUEVE - THOR, DIOS DEL TRUENO 65
CAPÍTULO DIEZ - CRIATURAS LEGENDARIAS DE LOS MITOS NÓRDICOS 72
CAPÍTULO ONCE - LOKI, EL DIOS EMBAUCADOR, Y EL PRINCIPIO DEL FIN 78
CAPÍTULO DOCE - RAGNARÖK, EL CREPÚSCULO DE LOS DIOSES 87
CONCLUSIÓN 92
VEA MÁS LIBROS ESCRITOS POR ENTHRALLING HISTORY 95
BIBLIOGRAFÍA 96
FUENTES DE IMAGENES 98

Introducción

Los mitos vikingos han fascinado al público durante siglos. Los esperados éxitos de taquilla, los videojuegos, los libros y los cómics han convertido a algunas de estas figuras en nombres comunes e incluso en disfraces de Halloween.

Pero, ¿hay más en estos dioses vikingos de lo que a menudo se describe? Este libro se sumerge en las historias y mitos más conocidos, y explora algunas de las leyendas que quizá no sean tan conocidas. Descubra por qué Thor se vestía de diosa y por qué Loki parió un caballo. ¿Cómo creían los vikingos que empezó el mundo? ¿Y cómo creían que terminaba?

Este libro va más allá de los mitos y habla de cómo el cristianismo influyó en la narración de estas sagas legendarias. Descubra cómo la historia vikinga se entrelaza con sus relatos y por qué es tan importante conocer los mitos y leyendas hoy en día.

Hay mucho que desentrañar en este libro. ¡Esperamos que disfrute de este viaje a través de la fantasía y la historia!

Capítulo uno - Introducción a la historia vikinga

En el año 793 e. c., los cristianos medievales de Europa quedaron conmocionados y horrorizados por un audaz ataque al pacífico monasterio de la isla sagrada de Lindisfarne. Fue una incursión despiadada. La iglesia, según las cartas del erudito Alcuino, fue «salpicada con sangre de los sacerdotes de Dios, despojada de todos sus ornamentos», tras lo cual los forasteros, sin reparar en la carnicería que habían sembrado en uno de los lugares más sagrados de la cristiandad en Europa, «pisotearon los cuerpos de los santos en el templo de Dios, como estiércol en la calle». Otro cronista, el monje Simeón, del priorato de Durham, escribió (aunque unos doscientos años más tarde) que «arrasaron todo con graves saqueos, pisotearon los lugares santos con pasos contaminados, desenterraron los altares y se apoderaron de todo el mar»[i].

La piedra del Domesday, una lápida del siglo IX en el priorato, representa una fila de siete guerreros con las armas en alto, preparándose para el ataque. Se cree que la piedra conmemora este acontecimiento, que no sería un ataque aislado. Fue el inicio de lo que se ha dado en llamar la época vikinga.

---

[i] *Volumen 2 de Symeonis monachi Opera omnia.* Simeón de Durham. Editado por Thomas Arnold. Oxford University Press, 1965.

El monasterio de Lindisfarne había sido fundado en el siglo anterior por el monje y misionero irlandés Aidan, el «apóstol de Northumbria». Albergaba las santas reliquias de san Cutberto, quien legendariamente curó a los enfermos y expulsó a varios demonios del norte de Inglaterra. Los peregrinos acudían en masa a su santuario, esperando milagros o la iluminación. Cuando se convirtió en un centro establecido de la fe cristiana, reyes, nobles y plebeyos lo colmaron de regalos de tierras, tesoros y otros objetos de valor, cada uno con la esperanza de comprar la salvación.

Este lugar sagrado no podría haber sido un objetivo mejor para los tres o cuatro barcos de los asaltantes escandinavos decididos a llevarse suficiente plata para comprarse tierras, estatus y novias de vuelta a casa. En el priorato había toda una serie de relucientes premios listos para ser recogidos y todos bajo un mismo techo. Estos tesoros eran escasamente defendidos por hombres santos que no tenían ninguna posibilidad de hacer frente a semejante embestida.

Según consta en la *Crónica anglosajona*, los vikingos robaban y masacraban sin importarles los sentimientos religiosos. Los asaltantes atiborraron sus barcos de tesoros y esclavizaron a los monjes antes de zarpar hacia su hogar, muy probablemente Noruega. Los que quedaron en la iglesia debieron de llorar de angustia. Los eruditos cristianos llegaron a la conclusión de que solo podía ser la pecaminosidad del pueblo de Northumbria lo que había hecho que Dios se mostrara reacio a proteger el monasterio y la isla sagrada.

El ataque de Lindisfarne no fue la primera incursión vikinga. Ya habían saqueado un monasterio de Northumbria en Jarrow, y se habían producido varios ataques en el sur de Inglaterra. En 788, tres *longships* («barcos largos») desembarcaron en Portland. Una vez en tierra, los vikingos mataron al corregidor de Dorchester, que se les había acercado imprudentemente para intentar averiguar el motivo de su llegada y había intentado llevarlos al señorío real, según la *Crónica anglosajona*.

Los primeros años de la época vikinga continuaron en la misma línea. En 795, los incursores vikingos atacaron por primera vez la abadía de Iona, en las Hébridas escocesas, y luego realizaron tres incursiones más en esa misma isla en la década siguiente. En 806, los vikingos masacraron a 68 monjes en lo que se conoce como la bahía de los mártires. Después, muchos de los supervivientes de Iona huyeron a la abadía de Kells, en Irlanda, lo que casi con toda seguridad les salvó la vida, ya que los vikingos regresaron en 825 para quemar la abadía. Mataron al resto de los monjes que se quedaron.

Los vikingos procedían de lo que hoy es Noruega, Suecia y Dinamarca. A principios de la época vikinga, fueron sobre todo los incursores noruegos los responsables de los ataques a Gran Bretaña e Irlanda. Los daneses y los suecos solían causar estragos en la Europa continental.

No todos los habitantes de estos países eran conocidos como vikingos. El nombre ha llegado a definir a un sector concreto de las comunidades nórdicas: marinos escandinavos medievales que eran consumados navegantes y aventureros, violentos piratas y ladrones, y despiadados traficantes de esclavos.

En la sociedad nórdica, los *thralls*, o personas esclavizadas, eran la clase más baja. Los prisioneros de guerra de los vikingos eran a menudo esclavizados, y algunos asaltantes armados partían en misiones específicas de esclavitud, navegando de costa a costa por el noroeste de Europa en busca de comunidades pacíficas donde pudieran apresar a hombres y mujeres jóvenes. Hubo secuestros violentos y algunas víctimas fueron inmovilizadas (se han desenterrado grilletes de hierro medievales en los puestos comerciales vikingos de Birka, en Suecia, y Hedeby, en Dinamarca). Las personas indudablemente traumatizadas que habían sido secuestradas y llevadas lejos de sus tierras natales pasaban a menudo por varias manos, habiendo sido compradas y luego vendidas en mercados de esclavos o a la nobleza anglosajona. Pocos permanecieron en Escandinavia. Tras el asalto al priorato de Lindisfarne, Alcuino intentó recaudar fondos para la liberación de los monjes que los vikingos se habían llevado.

Aunque los vikingos arriesgaban sus vidas en los traicioneros mares del norte, la mayoría de los nórdicos trabajaban tranquilamente sus tierras. Cultivaban productos como cebada, avena, centeno y guisantes, y criaban cerdos, cabras, ganado vacuno y caballos para proporcionar alimentos suficientes a sus familias y, a veces, a sus familias extensas. Sin embargo, el suelo era pobre y los agricultores nórdicos de la Edad Media aún no habían comprendido los beneficios de los fertilizantes. La tradición era que el hijo mayor heredara la granja, por lo que los hijos menores generalmente se veían obligados a abrirse camino en el mundo. El atractivo de la aventura y la camaradería, además de la oportunidad de adquirir suficiente plata para comprar sus propias tierras, debió de ser una propuesta tentadora y embriagadora para aquellos jóvenes.

La vida de los nórdicos en Escandinavia durante la Edad Media era dura para los que no eran terratenientes. El clima frío presentaba sus propias dificultades, con inviernos amargos y gélidos, y había escasez periódica de arenque, que era la principal fuente de alimento para la población. Paradójicamente, en algunos años, había un excedente de alimentos para llevar al extranjero y comerciar junto con sus cargamentos habituales de pieles, hierro, madera y ámbar, que intercambiaban por oro, plata, sedas y especias de los comerciantes del sur.

A medida que otras naciones intensificaban su comercio de ultramar, siempre existía la posibilidad de que los vikingos se permitieran un poco de piratería. A medida que se desarrollaba la época vikinga, existía incluso la posibilidad de establecerse en ultramar, en Gran Bretaña, Irlanda, Europa continental o incluso en las pequeñas colonias que los vikingos establecieron en las lejanas tierras de Islandia, Groenlandia y Norteamérica.

Escandinavia era un lugar ideal para hacerse a la mar y explorar las tierras del oeste. Los hábiles constructores navales nórdicos desarrollaron técnicas para construir *longships* fuertes y rápidos, superponiendo tablones de madera de fresno sobre un armazón acanalado que se remachaba con clavijas de hierro. Los barcos largos hechos para incursiones eran simétricos para que la tripulación pudiera invertir la dirección sin tener que dar la vuelta a la embarcación. Estos barcos albergaban una tripulación de veinticinco a treinta personas.

Los barcos *knarr*, que se utilizaban para el comercio, eran mucho más grandes (unos 16 metros o 52 pies) y más profundos y anchos (unos 5 metros o 16 pies) que los barcos largos tradicionales. Podían transportar unas veinticuatro toneladas de carga y una tripulación de sesenta personas. Los barcos *knarr* no solo eran robustos y veloces; también eran lo suficientemente ligeros como para ser transportados o arrastrados hasta la costa. Fue en estos barcos *knarr* en los que los vikingos navegaron por el océano Atlántico. Solo se ha encontrado uno de estos barcos más grandes. Fue descubierto en el fiordo de Roskilde, en Dinamarca; ahora se conserva cuidadosamente en el museo local.

Cuando los vikingos regresaban a sus hogares y colgaban las hachas, se dedicaban a labrar la tierra o trabajaban como artesanos (como herreros o constructores navales), comerciantes o pescadores. Las incursiones se realizaban generalmente durante los meses de verano, cuando los mares solían estar más tranquilos. De ese modo, los vikingos podían regresar para ayudar en las cosechas de otoño. Con el tiempo, asaltar monasterios desprotegidos y ricos llegó a ser tan rentable y lucrativo que descubrieron que no tenían verdadera necesidad de hacer otra cosa.

Se consideraba que los jóvenes de ambos sexos habían alcanzado la madurez a los doce años. A esa edad, los varones trabajaban como adultos, administrando sus tierras o trabajando como herreros, marineros o artesanos. A los veinte años, la mayoría estaban casados y se habían convertido en padres.

Cabe señalar que las mujeres casadas con agricultores vikingos se consideraban en general capaces de gestionar la tierra en ausencia de su pareja. Las mujeres eran respetadas. El maltrato físico femenino se condenaba como algo vergonzoso y las mujeres tenían mejores derechos que en muchas culturas europeas contemporáneas. Por ejemplo, podían divorciarse si tenían motivos y podían poseer propiedades. Aunque la mayoría de las mujeres eran responsables de las granjas, es probable que algunas desempeñaran funciones en el comercio y como guerreras, ya que se han descubierto armaduras de escamas y armas en tumbas excavadas de mujeres.

La religión y las creencias paganas nórdicas se practicaban desde antes del 500 a. e. c. Era politeísta, lo que significa que había varias deidades, tanto masculinas como femeninas. El culto estaba estrechamente relacionado con las estaciones y los ciclos del año. Era habitual que los fieles se congregaran al aire libre o en lugares naturales emblemáticos. Los espacios sagrados alrededor de estas arboledas sagradas, arroyos, montañas, rocas o árboles estaban marcados por límites de piedra o ramas. Existe la creencia generalizada de que los adoradores dejaban ofrendas y realizaban rituales con la esperanza de garantizar la fertilidad, la prosperidad y la seguridad como parte de su vida cotidiana. Sin embargo, en los restos de complejos multifuncionales, que incluyen salas de hidromiel para festivales públicos, se han descubierto zonas cercadas que contienen un *hörgr* (una especie de altar a menudo formado por un montón de piedras). Algunos yacimientos destacados se encuentran en las islas Lofoten, en Noruega, y en Funen, en Dinamarca.

El cronista medieval alemán Adam de Bremen escribió un relato de los rituales paganos que se realizaban en Gamla Uppsala, en Suecia. Describió un templo (*hof*) que estaba dorado por dentro y contenía tres estatuas de dioses nórdicos. Thor, uno de los dioses más importantes, estaba situado en el centro. Gobernaba los cielos y sostenía un cetro. Se esperaba que Thor proporcionara un clima benigno a granjeros y marineros. Odín estaba representado como un guerrero. Era el dios de la guerra y la victoria, mientras que «Fricco» (o Freyr) era el dios de la paz y la fertilidad. Cada uno de estos dioses tenía su propio sacerdote y, según Adam, cada nueve años se celebraba un gran festival en el templo. Gente de toda Escandinavia viajaba para asistir a él.

Se produjeron sacrificios humanos. Se dejaron más de 72 cadáveres colgados en los árboles de los alrededores y había un edificio dedicado a los rituales de libación (el vertido de líquido o granos como ofrenda). Se han excavado los restos del *hof* de Gamla Uppsala. La casa comunal tenía más de cien metros de longitud y databa originalmente de entre los años 600 y 800 de la era cristiana.

Este festival era probablemente lo que se conoce como *blót* en nórdico antiguo, una fiesta común que se celebraba durante nueve días cada nueve años en los países escandinavos y germánicos. En las ceremonias paganas suecas del *blót* se sacrificaban nueve machos de cada especie animal, incluidos los humanos.

Aunque no existía un líder de fe aparente como en la mayoría de las comunidades, varias piedras rúnicas nórdicas hacen referencia a personas que llevaban el título de *gothi* en los pueblos nórdicos de principios de la Edad Media, especialmente en Islandia, donde los vikingos se asentaron a finales del siglo IX de nuestra era. Es posible que estos funcionarios tuvieran una posición religiosa, pero es más probable que fueran respetadas figuras de alto rango, responsables de asuntos políticos, de la ley y el orden, y de cuestiones de fe. Las sagas hacen referencia a diosas llamadas *völva* y a sabios ancianos varones llamados *thul* que, según se cree, participaban en la alabanza a los dioses nórdicos, recitando poesía y cantando.

Los matrimonios eran motivo de gran celebración en la Escandinavia pagana. Las familias buscaban novias para sus hijos. Una vez negociada la herencia de la nueva pareja y la dote de la novia, los esponsales se sellaban con un regalo de los padres del joven. Las dos familias quedaban entonces unidas y el contrato se sellaba en la boda, que era una ceremonia pública y una fiesta que a menudo duraba varios días.

Dar a luz era una época peligrosa para las madres y los bebés medievales. Los mitos, leyendas y sagas nórdicos permiten comprender mejor las prácticas culturales de la época. Las futuras madres cantaban y realizaban rituales a las diosas maternas, como Frigg y Freyja, para que sus hijos nacieran en condiciones seguras y para que el momento del parto fuera favorable. Como se pensaba que estas deidades estaban presentes durante el parto, este proceso natural se aceptaba como parte de la familia y la sociedad (a diferencia de otras culturas que lo consideraban un momento ofensivo e impuro).

Nueve noches después del parto, el niño era llevado al cabeza de familia, que lo sentaba sobre sus rodillas y rociaba agua sobre él, algo muy parecido a un bautizo. Es posible que toda la familia estuviera presente y llevara regalos.

Tras esta ceremonia, el bebé era considerado miembro de pleno derecho del clan. Si sus padres lo mataban, serían considerados culpables de asesinato. (En ocasiones, se mataba a los recién nacidos en sus primeros nueve días si se pensaba que no sobrevivirían).

Los vikingos creían firmemente en el destino predestinado. Elegían a sus antepasados o apellidos para sus hijos, confiando en que desarrollarían cualidades y talentos de sus homónimos.

Las familias vikingas daban mucha importancia a sus antepasados, pues creían que tenían una gran influencia sobre ellos, incluso desde las lejanas tierras de los muertos. Sentían un profundo respeto por la muerte y se tomaban muy en serio los ritos de cremación y enterramiento. Los muertos eran equipados con sus posesiones y suficiente comida y bebida para su viaje al más allá. Los pobres eran enterrados con un simple hacha o cuchillo, mientras que los nórdicos ricos y las mujeres a menudo eran enterrados con varias posesiones y todo tipo de lujos, incluyendo sirvientes, perros o caballos sacrificados en tumbas ovaladas marcadas con montones de piedras. Algunos guerreros eminentes fueron enterrados en sus *longships*, y se han descubierto mujeres danesas adineradas enterradas en carros. Los vikingos suecos eran más propensos a ser incinerados, conteniendo sus cenizas en un recipiente de arcilla en lugar de enterrarlas bajo un túmulo marcado.

La sociedad vikinga se basaba en gran medida en la hospitalidad. Las familias nórdicas disfrutaban juntas de grandes banquetes y celebraciones, y se consideraba una cuestión de honor el no rechazar nunca a un forastero. Las jóvenes podían ser prometidas a la edad de doce años, con una celebración que duraba días, seguida de un banquete nupcial durante el cual se disfrutaba de una gran cantidad de cerveza e hidromiel. Por el arte y las tallas de la época y las historias transmitidas de generación en generación, es evidente que disfrutaban de la lucha, los deportes y los juegos. Tocaban música y cantaban como parte de sus festividades.

Como los vikingos no eran cristianos, les importaban poco las consecuencias de saquear los lugares santos y sagrados de la «nueva» religión, pues no los consideraban más que edificios mal defendidos que, la mayoría de las veces, contenían tesoros. Como paganos, a menudo se perdían los lucrativos acuerdos comerciales que los mercaderes cristianos pactaban entre sí y, al igual que los musulmanes, eran discriminados por sus creencias. Debido a la bien ganada reputación de violencia, pillaje y saqueo de los vikingos, que duraría siglos, los mercaderes de fuera de Escandinavia, como era de esperar, no solían estar dispuestos a establecer alianzas comerciales con ellos.

Las incursiones vikingas eran tan brutales y habían llegado a ser tan temidas que, en el año 865, los habitantes de Kent (en el sur de Inglaterra) ofrecieron entregar sus riquezas con la condición de que los vikingos no siguieran adelante con el saqueo. Esto supuso una revelación para los saqueadores. Rápidamente, introdujeron una tasa para sus objetivos regulares que se conoció como el Danegeld, que era esencialmente un pago o tributo a los vikingos para que dejaran en paz una determinada región. Esto continuó a lo largo de los siglos X y XI. En 991, durante el reinado del rey Etelredo II el Indeciso, se gravó a sus súbditos para que recaudaran diez mil libras (en peso) de plata para entregárselas a los vikingos. Y la cosa no acabó ahí; tres años más tarde, los vikingos regresaron y se les pagaron otras dieciséis mil libras. En 1002, volvieron por veinticuatro mil libras de plata.

Era una cantidad enorme para entregar y no podía continuar. Los anglosajones pagaban impuestos hasta el cuello y sencillamente no podían permitirse pagar más. El país estaba en bancarrota, los pobres pasaban hambre y el pueblo empezaba a cuestionar el liderazgo de su rey. Alarmado, Etelredo el Indeciso dio la orden extrema de que todos los colonos vikingos que permanecieran en Inglaterra fueran asesinados el 13 de noviembre de 1002, el día de San Brice. Miles de escandinavos fueron asesinados, incluida la hermana de Svend Forkbeard, rey de

Dinamarca, quien juró vengarse cuando se enteró de lo sucedido.

Los vikingos regresaron en 1006, y Etelredo se vio obligado a entregar otras 36.000 libras de plata. En un intento desesperado por librar por fin a su país de la amenaza vikinga, construyó apresuradamente una flota de barcos para defender sus costas. Sin embargo, los ingleses demostraron ser malos marineros en comparación con los nórdicos, y los vikingos tuvieron pocas dificultades para hacerles frente. En 1013, Svend y su hijo Canuto (también conocido como Cnut) llegaron para hacerse con el trono inglés. Etelredo huyó a Francia.

Sin embargo, sería un reinado corto. Tras cinco semanas, Svend murió de apoplejía y Etelredo emprendió su regreso. Canuto regresó a Dinamarca, donde su hermano, Harald II, había sido coronado rey. Aun así, Canuto no había renunciado al trono inglés. Regresó a Inglaterra en 1016 tras reunir un formidable ejército. A su llegada, se enteró de que Etelredo había muerto, por lo que Canuto consiguió ser elegido heredero del rey muerto.

Como autodenominado «rey de toda Inglaterra y Dinamarca y de los noruegos y algunos suecos» (utilizado en una carta a sus súbditos con motivo de su coronación), Canuto es recordado en los textos medievales como un feroz guerrero vikingo y un rey sabio y capaz. Ayudó a restaurar la prosperidad en Inglaterra, aunque después de asesinar a muchos de los señores ingleses y posibles pretendientes al trono inglés.

Se considera que la época vikinga terminó en 1066. Al igual que había comenzado con las incursiones en Gran Bretaña, llegó a su fin cuando las incursiones cesaron en el momento de la invasión normanda. Ese mismo año, el rey noruego Harald Haardrade, que había abandonado sus costas con la esperanza de luchar por la corona inglesa, fue asesinado en suelo inglés en la batalla de Stamford Bridge.

Para entonces, la mayoría de los escandinavos habían abandonado sus creencias paganas, habiéndose convertido al cristianismo. La Iglesia no veía con buenos ojos las incursiones. En la saga islandesa *Hitdælakappa*, el rey Olaf le dice a Björn de Noruega que lo deje: «Aunque creas que te va bien, a menudo se viola la ley de Dios». En cualquier caso, todos los objetivos habituales se habían fortificado y estaban mucho mejor defendidos que a finales del siglo VIII.

Sin embargo, no abandonaron por completo a los dioses y héroes nórdicos. Incluso hoy en día, un pequeño número de personas en Dinamarca siguen la antigua religión de forma similar a los vikingos, al aire libre y con ofrendas. Algunas de las ceremonias se han transmitido de generación en generación y, en los últimos años, se ha producido un resurgimiento del paganismo en Islandia. Las historias de las deidades que fascinaron y cautivaron a los vikingos se han convertido en la mitología nórdica que sigue deleitando a los lectores en la actualidad.

Capítulo dos - Una leyenda vikinga: Grettir el proscrito

En la Edad Media, los islandeses desarrollaron la tradición de recopilar detalladas historias familiares en forma de largas sagas escritas en prosa. Una de ellas, La *Saga de Grettir el proscrito* o La *Saga de Grettir el fuerte*, fue escrita en el siglo XIII y relata la historia de un héroe vikingo.

La saga se divide en tres partes. Los trece primeros capítulos relatan la vida del bisabuelo de Grettir, Önundur, un incursor vikingo que perdió un pie mientras luchaba contra el rey noruego Harald Fairhair en la batalla de Hafrsfjord (en algún momento entre 872 y 900). El rey salió victorioso y sus enemigos, incluido Önundur Pie de Árbol (como se lo conocía entonces), huyeron de Noruega a Gran Bretaña e Irlanda. Tras luchar contra el rey Kjarval de Dublín, Önundur regresó a Noruega antes de zarpar hacia Islandia, donde se estableció definitivamente.

La saga pasa entonces al hijo de Önundur Pie de Árbol, Thorgrim Cabeza Gris, y a su hijo, Ásmundar, el padre de Grettir.

Ásmundar y su esposa Asdis tenían una granja en Bjarg, donde criaron a sus dos hijos, Atli, un muchacho tranquilo y serio, y Grettir, que nació hacia el año 997 de la era cristiana. Grettir tenía un carácter difícil. Ya de niño era rebelde y truculento, pero también notablemente fuerte. Se lo describe como pelirrojo, con pecas y ojos muy abiertos. Aunque su madre lo quería mucho, su padre conocía la naturaleza de su hijo y sabía que era problemático. Ásmundar y Asdis también tuvieron dos hijas: Thordis y Rannveig.

Grettir no era muy útil en la granja familiar. Cuando tenía catorce años, fue enviado en lugar de su padre al Althing (una asamblea anual del gobierno islandés). Una mañana, él y los demás delegados se despertaron y descubrieron que habían soltado sus caballos y les habían robado la comida. Grettir rápidamente acorraló a uno de sus compañeros, Skeggi, y lo acusó del crimen.

Skeggi respondió desenvainando su hacha. Grettir lo mató en la pelea. Al darse cuenta de la gravedad de sus actos, afirmó que el hombre debía de haber sido asesinado por un troll, pero los otros delegados no estaban convencidos. Grettir acabó confesando.

A pesar de que sus padres ofrecieron *weregild* (dinero de sangre) como compensación por la pérdida de la vida de Skeggi, Grettir fue desterrado durante tres años. Antes de partir, su madre le regaló la espada corta o *sax* de su abuelo Jökul, a veces conocida como Jökulsnautr («el regalo de Jökul») por ser una reliquia familiar, después de que Ásmundar se negara a darle la suya.

Entonces, Grettir zarpa hacia Noruega. Hace poco para ayudar a la tripulación del barco hasta que se produce una fuga. Haciendo uso de su gran fuerza y habilidad, consigue repararla. Poco después, chocan contra una roca y el barco se hunde frente a la costa noruega, donde un terrateniente local, Thorfinn, ayuda a la tripulación y a los pasajeros del barco a ponerse a salvo. La mayoría de los viajeros se dirigen al sur, pero Grettir decide quedarse con Thorfinn y su familia.

Una noche, Grettir ve un fuego ominoso en la distancia. Cuando pregunta por él, le dicen que es el fantasma del padre de Thorfinn, Kárr inn gamli, que acecha su túmulo. Grettir decide investigar y se adentra en el túmulo. En la cámara funeraria, que está llena de riquezas, hay un *draugr*, una criatura no muerta parecida a un zombi. Se trata del no muerto Kárr inn gamli. El *draugr* ataca de inmediato a Grettir.

Mientras forcejean en la cámara funeraria, Grettir consigue desenvainar a Jökulsnautr, la espada de su madre, y separa la cabeza del *draugr* de su cuerpo. Regresa a la granja con el tesoro del túmulo para decirle a Thorfinn que ha derrotado al fantasma de su padre muerto. Grettir le pide una espada en particular que ha encontrado entre el ajuar funerario, pero le dicen que tendrá que ganársela.

Algún tiempo después, Thorfinn está ausente cuando llega un pequeño barco de extraños. Le dicen a Grettir que han venido a resolver un agravio contra Thorfinn. Para horror de la esposa de Thorfinn,

Grettir los lleva a la casa y les da copiosas cantidades de alcohol hasta que están muy borrachos. Luego, los guía hasta una gran dependencia y los encierra allí. La esposa de Thorfinn, al darse cuenta de lo que está haciendo, le da armas y armaduras. Grettir regresa y los mata a todos. Cuando Thorfinn regresa, le entrega la espada que le había pedido y le hace un juramento de amistad para toda la vida.

Grettir abandona la granja de Thorfinn para pasar el invierno como huésped de un rico terrateniente llamado Thorkell. Pronto se enemista con uno de los hombres de su anfitrión, Björn, que pertenece a una familia de gran reputación, pero que, en opinión de Grettir, es muy engreído y fanfarrón. Los dos hombres se cogen antipatía al instante.

Poco después de la llegada de Grettir, un salvaje oso pardo gigante comienza a arrasar la zona, matando audazmente al ganado delante de los granjeros y aterrorizando a la gente. Cuando este monstruo mata ganado y hombres en las tierras de Thorkell, sus hombres parten en busca de su guarida.

Su guarida se encuentra en un acantilado con vistas al mar. Solo se puede acceder a la guarida por un estrecho sendero que está precariamente cerca del precipicio. Björn, el enemigo de Grettir, se jacta de que matará a este oso, pero mientras avanza por el sendero, oye a la enorme bestia gruñir y roncar mientras duerme en su guarida. Björn acecha desde fuera, cubierto por su escudo. A medida que pasa el tiempo, se queda dormido.

El oso se despierta y sale de su cueva, listo para atacar al rebaño o manada de otro granjero cuando ve a Björn. Con su enorme zarpa, el oso golpea el escudo para hacerlo caer por el precipicio. Björn consigue ponerse en pie y huye, escapando por poco de la atención de la bestia.

Regresa a Thorkell, lleno de bravatas, donde se decide que un pelotón de ocho, incluido Grettir, irá a matar al oso. Recorren el peligroso camino e intentan atacar al oso en su guarida. Esto resulta ser todo un desafío. Grettir se quita su capa de piel para participar en la lucha, en tanto que Björn insta a los hombres a luchar contra él mientras él permanece detrás, fuera de peligro inmediato. Björn arroja entonces la capa de Grettir al combate cuerpo a cuerpo.

Los hombres se rinden en su lucha y, cuando empiezan a marcharse, Grettir se da cuenta de que no encuentra su piel. Aparentemente, el oso se ha apoderado de ella. Björn acusa a Grettir de haberla tirado él mismo para volver y matar al oso él solo y reclamar la gloria.

Por supuesto, Grettir vuelve directamente a la cueva y forcejea con el feroz oso. Utilizando el Jökulsnautr, consigue rebanar una de las patas del oso. Luego, cuando se le echa encima, Grettir lo agarra por las orejas y tira de su cabeza hacia atrás para que no pueda hincarle los dientes. Esta fue, dijo después, su mayor hazaña de fuerza.

Grettir y el oso caen del sendero y descienden por el acantilado, cayendo el oso a la playa de abajo y sufriendo graves heridas. Grettir aterriza sobre él. Desenvaina su espada y se la clava a la bestia. Luego sube al acantilado para recoger su capa maltrecha y desgarrada, así como la pata cercenada del oso antes de regresar a casa de Thorkell.

Los hombres están de fiesta para cuando regresa, y se ríen de Grettir con su pelaje raído hasta que pone la pata en la mesa. Le dice a Björn que ya es hora de que empiece a mostrarle respeto, pero Björn deja claro que no lo hará. Sin embargo, Thorkell ya está harto y les dice que dejen a un lado sus rencillas mientras estén bajo su techo.

La primavera siguiente, Grettir parte hacia el norte con los hombres de Thorkell mientras Björn navega hacia Inglaterra. Los dos hombres se reencuentran en Trondheim en otoño mientras regresan para disfrutar de la hospitalidad de Thorkell. Grettir está encantado con la oportunidad de arreglar sus diferencias de una vez por todas. Tras intentar evitar una pelea y ser acusado de cobardía, a Björn no le queda más remedio que luchar contra Grettir. Grettir lo mata.

Los hombres de Björn se apresuran a avisar a Thorkell, que se entristece, pero no se muestra especialmente sorprendido. Grettir regresa a la granja de Thorfinn. Tras explicarle lo que ha hecho, su amigo se da cuenta sabiamente de que necesitará su apoyo.

El hermano de Björn, Hjarrandi, es guardaespaldas del *jarl* Sveinn, y se queja amargamente ante él de lo que ha hecho Grettir. El *jarl* convoca a Grettir. Aunque Grettir admite que había sido provocado, el *jarl* decide que debe pagar el *weregild* a Hjarrandi.

Este resultado no es el que Hjarrandi esperaba. Así que, mientras Grettir está fuera, se lanza sobre él, decidido a vengar a su hermano. Pero Grettir es demasiado fuerte para él y lo mata a él y a sus hombres. El *jarl* Sveinn está furioso y presenta una acusación de homicidio involuntario contra Grettir, que se marcha rápidamente a Islandia, su destierro casi al final.

Mientras Grettir se esfuerza por asentarse en su nueva vida, oye hablar de un granjero cuyos pastos están acechados por un *wight* (otra entidad no muerta parecida a un zombi). Para librarse de esta horrible criatura, había contratado a un pastor sueco muy grande y fuerte llamado Glam, que consiguió matar al *wight*, pero había muerto en el proceso. Cuando el granjero y sus hombres encontraron el cuerpo de Glam tendido en la nieve, les resultó imposible moverlo, por lo que se vieron obligados a construir un túmulo a su alrededor en el prado.

Poco después, Glam se convirtió en un horrible *revenant* (otra espantosa criatura no muerta). Empieza a acechar a la comunidad local, matando a sus animales y golpeando los tejados durante la noche. Después de matar a la hija del granjero, Grettir se ofrece a ayudarlo, a pesar de que le han advertido de que no lo haga.

El *revenant* Glam mata al caballo de Grettir poco después de su llegada. La tercera noche, Glam levanta el tejado de la granja y entra en ella. Grettir no tarda en atacar. Mientras luchan, destruyen todo lo que hay en la sala hasta que Grettir utiliza toda su fuerza para obligar a Glam a salir por la puerta, destrozando toda la pared exterior.

A medida que Glam cae al suelo, consciente de que su fin está cerca, mira fijamente a Grettir, con los ojos brillando en la noche. Glam pronuncia una maldición, jurando que Grettir nunca se hará más fuerte, y que sus grandes y heroicas hazañas solo le granjearán odio y exclusión. Estas palabras tienen un gran impacto. Incapaz de olvidar los ojos brillantes de Glam, Grettir se aterroriza de la oscuridad.

Tratando de dejar atrás la maldición de Glam, Grettir se entera de que el nuevo rey, Olaf II Haraldsson, está reuniendo una tropa de guerreros y aventureros islandeses de élite, algo perfecto para él. Grettir parte en pleno invierno para presentarse en la corte del rey.

En el camino, las condiciones empeoraron rápidamente. Grettir, congelado tras vadear un río helado, entra en una casa en busca de fuego. Desgraciadamente, cuando la gente de dentro ve a un hombre enorme cubierto de hielo, piensan que es un trol y luchan contra él, lanzándole brasas. En la confusión, la casa se incendia y todos los que están dentro mueren, incluidos dos hijos de un popular cacique local llamado Thorir.

A pesar de ser un accidente, Thorir está empeñado en vengarse. Se asegura de que Grettir no tenga ninguna oportunidad de impresionar al rey, y las cosas no mejoran cuando Grettir pierde los estribos y mata a un hombre cuyo hermano, en venganza, mata al gentil Atli allá en Bjarg.

Lo peor está por llegar. Cuando Grettir regresa a la granja familiar, descubre que su padre también ha muerto y se entera de que Thorir ha solicitado al Althing de ese año que sea declarado proscrito. Es demasiado tarde para que pueda ofrecer algún tipo de defensa; la sentencia ya ha sido dictada.

Tras matar al asesino de Atli y con un precio aún más alto por su cabeza, Grettir se ve obligado a pasar muchos años huyendo, a menudo disfrazado, confiando en viejos amigos y amables desconocidos, ya que su miedo a la oscuridad le hace difícil soportar esconderse en la naturaleza. Pasa varios años en un valle bordeado de glaciares, gobernado por un amable gigante y sus hijas, pero con el tiempo, se vuelve inquieto. Sabe que Thorir no renunciará a su búsqueda de venganza y enviará asesinos para darle caza.

Se entera de que una dama llamada Steinvör está siendo acosada por un trol malévolo que se ha llevado a su marido y a su criado. Presentándose como Gestur, Grettir se ofrece a ayudarla y se queda en su finca mientras ella asiste a la misa de Yuletide. Ante el temor de que no pueda ir porque el río está demasiado crecido, Grettir la carga a ella y a su hija sobre su hombro izquierdo y cruza el embravecido torrente, apartando grandes trozos de hielo con su brazo derecho.

Una vez que están a salvo en el otro lado, Grettir regresa a la casa y se prepara para luchar contra los trols. Mientras espera, las puertas se abren de golpe. Una enorme mujer trol entra, con los ojos llameantes. Cuando ve a Grettir, ataca. Los dos luchan duramente toda la noche, dejando un rastro de destrucción tras de sí. La mujer trol arrastra a Grettir fuera de la casa hasta un profundo barranco junto a una cascada, donde, exhausto, blande salvajemente su espada en un último intento de impedir que ella lo arrastre. Grettir le corta el brazo. Ella cae de espaldas al barranco y desaparece.

Tras regresar a la granja, él y otro hombre van a ver si encuentran al marido de Steinvör, que podría estar en una cueva detrás de la cascada. Su compañero se agarra a una cuerda mientras Grettir desciende en rappel por la pared del acantilado.

Grettir se sumerge en el profundo barranco que hay tras la cascada y entra en la cueva. Allí encuentra una gran hoguera con un gigante estirado junto a ella. En cuanto el gigante ve a Grettir, salta y le arrebata un bastón de madera. Grettir consigue defenderse con su espada. Cuando el gigante busca un arma mejor, Grettir le da un tajo en el cuerpo y le deja una herida tan profunda y grande que las entrañas del gigante se salen de su cuerpo y caen al río.

Cuando el compañero de espera de Grettir ve las entrañas ensangrentadas que son arrastradas río abajo, cree que deben ser las de Grettir y regresa a la granja para informar a Steinvör de su muerte. Mientras tanto, Grettir acaba con el gigante herido y luego se adentra en la cueva, donde encuentra los huesos de dos hombres y una gran cantidad de tesoros. Los mete en una bolsa y se dirige al fondo del acantilado. Como no hay nadie que pueda ayudarle, se ve obligado a subir por sí mismo la pared rocosa.

Revela su verdadera identidad a Steinvör y le entrega los restos de su marido y su sirviente, así como el tesoro. Ella le da un hogar hasta que Grettir se entera de que los hombres de Thorir lo están cercando. Vuelve a Bjarg por última vez para decirle a su madre que se va a Drangey, una fortaleza en una isla en el extremo norte de Islandia. Está deshabitada y rodeada de acantilados. Solo se puede acceder a Drangey por una escalera.

Illugi, el hermano de quince años de Grettir, decide acompañarlo, pero su madre sabe que acabará mal para ambos. Llegan a Drangey con otro compañero, Glaum, y se sienten como en casa. Sin embargo, las familias propietarias de la isla no están nada contentas. Eligen a Thorbjörn Angle para que consiga que se marchen, y este hace varios intentos para conseguirlo.

Para entonces, Grettir lleva diecinueve años fuera de la ley. Cuando el Althing decreta que pronto será libre, ya que ningún hombre puede ser un proscrito durante más de veinte años, Thorbjörn Angle recibe la orden de deshacerse de él antes o perderá su parte de Drangey.

Thorbjörn consulta a su madre adoptiva, Thurid, que es bruja, y ella accede a ir con él para persuadir a Grettir de que se marche. Sin embargo, cuando empieza a maldecirlo, Grettir le lanza una piedra que le rompe una pierna. Furiosa, se ve obligada a utilizar sus poderes oscuros. Encuentra un tronco de árbol y graba en él runas de sangre antes de lanzarlo al mar.

En la isla, Grettir ve este tronco varias veces. Sin embargo, desconfía de él y no lo lleva a tierra. Glaum, sin embargo, no se da cuenta y piensa que será una buena leña. Cuando Grettir intenta cortarlo para hacer leña, el hacha rebota en él y le hace un corte en la pierna.

La propia herida se ve agravada por las runas de sangre de la bruja, y Grettir se debilita a medida que Thorbjörn y sus hombres asaltan la isla. Glaum, que ya ha demostrado ser un estorbo, ha olvidado levantar la escalera.

Illugi lucha como un troyano, pero no puede con todos. Cuando Thorbjörn llega hasta Grettir, descubre que ha sucumbido a su herida maldita. El gran, aunque desafortunado, guerrero ha muerto.

Thorbjörn mata a Illugi con la esperanza de evitar una venganza y se lleva la cabeza de Grettir para reclamar la recompensa que Thorir le había prometido. Sin embargo, cuando se hace evidente que su muerte se debió a brujería, Thorir se niega a pagar.

La larga saga no termina con la muerte de Grettir. Su hermanastro Thorsteinn Dromund (hijo de su padre con su primera esposa, Rannveig de Tunsberg, en Noruega) inicia una misión para vengarlo, pero la acción se traslada de los reinos vikingos a Constantinopla.

Capítulo tres - Una guía de las deidades nórdicas

El pueblo medieval de Escandinavia depositaba su fe en un complejo sistema de deidades que tenían diversas responsabilidades sobre los diferentes aspectos de la vida de las personas. Por desgracia, para los historiadores y expertos, los relatos escritos nórdicos contemporáneos son prácticamente inexistentes. La cultura vikinga transmitía su historia y sus relatos oralmente. Las decisiones, la información y los tratos se transmitían y realizaban de boca en boca. Este sistema funcionaba bien, ya que la palabra de un nórdico era su vínculo.

En el año 98 de la era cristiana, el general romano Tácito escribió *Germania*, su estudio de la cultura y las costumbres del norte de Europa, que ofrece el relato más antiguo de lo que se ha dado en llamar mitología vikinga (o nórdica). A través del comercio romano con Escandinavia, comprendió que estos pueblos adoraban a un panteón de dioses y diosas, algunos de los cuales podían compararse con las deidades romanas.

Tácito señaló que Odín (Woden) era el dios principal y que se le rendían sacrificios animales y humanos en un día concreto de la semana, el día de Woden, que vendría a ser el miércoles. Del mismo modo, Thor (o posiblemente el dios Tyr) era adorado el jueves, y Frigg (o Freyja) el viernes.

Alrededor de esta época, se estaban fabricando las primeras piedras rúnicas descubiertas. Los caracteres del Futhark se utilizaban generalmente para conmemorar y registrar detalles heroicos sobre la vida de los grandes y los buenos de las sociedades nórdicas. Sin embargo, la mayoría de las piedras rúnicas se tallaron en la época de la transición de Escandinavia al cristianismo y, por tanto, rinden homenaje a Jesús y a la Virgen María, en lugar de a Odín y Freyja. Hay un pequeño número de piedras paganas que dan una pequeña idea de la antigua religión.

La comprensión moderna de la mitología vikinga se basa principalmente en dos libros: la *Edda prosaica* y la *Edda poética*. Dado que Escandinavia era casi exclusivamente cristiana en la época en que se recopilaron estos textos, las historias habían evolucionado y se habían entrelazado con relatos y mensajes bíblicos, así como con una dispersión de otros mitos paganos. (En el prólogo de la *Edda prosaica*, por ejemplo, se relaciona a los dioses nórdicos con los héroes supervivientes a la caída de Troya).

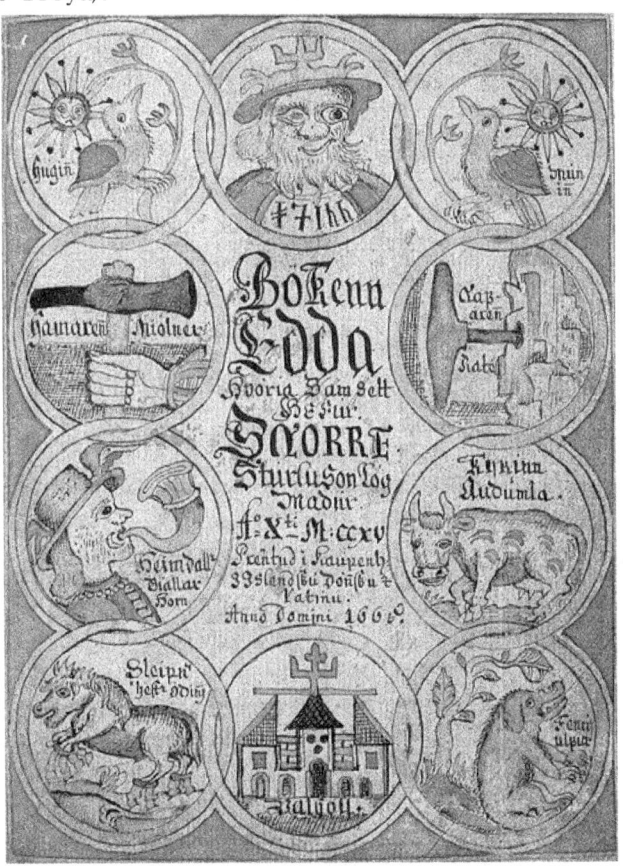

La portada de una edición posterior de la *Edda prosaica*[1]

La *Edda prosaica* fue escrita por el historiador y político islandés Snorri Sturluson, probablemente en 1222 o 1223, como referencia para ayudar a los jóvenes poetas a comprender los complejos metros de la poesía escáldica primitiva y los mitos de la tradición oral escandinava. Consta de un prólogo y tres partes. En el *Gylfaginning* («El embaucamiento de Gylfi»), describe la visita de poesía escáldica Gylfi, rey de Suecia, a Asgard para interrogar a los dioses. Le explican su creación, muchas de sus hazañas y la profecía del fin de los días conocido como *Ragnarök* («Crepúsculo de los dioses»).

Aunque la *Edda prosaica* es el recurso más valioso, en el momento de su redacción, Snorri estaba inmerso en un intento de unificar Islandia y Noruega bajo el gobierno del rey Haakon IV Hákonarson. Ciertos pasajes de la *Edda prosaica* podrían verse como un intento de ganar corazones y mentes con una identidad cultural común.

La *Edda poética* fue escrita en la segunda mitad del siglo XIII. Es una colección de poesía mitológica compuesta a lo largo de la época vikinga. Ninguno de los poemas se atribuye a un autor y se cree que se trata de una antología. Aún se conservan varias versiones, incluido el atesorado *Codex Regius*, que incluye 31 poemas.

Estas fuentes proporcionan las historias de muchos dioses y diosas nórdicos en los que los vikingos confiaban para su guía y su bienestar. Además de supervisar las vidas de hombres y mujeres, estos seres místicos tenían que enfrentarse a sus propias pruebas y tribulaciones. Algunos de los temas más comunes incluyen la agotadora búsqueda de la sabiduría, el valor supremo del honor y el heroísmo, y la superación o ejecución de robos y engaños.

Había tres clanes, casas o razas de estos seres superiores. Aunque descendían de los mismos antepasados y mantenían relaciones entre clanes, eran notablemente diferentes en sus valores y sociedades. Con frecuencia se enfrentaban e incluso libraban guerras entre sí.

El panteón central y dominante (al menos para la humanidad) eran los æsir de Asgard. Los æsir eran dioses y diosas con cualidades para proporcionar inspiración, consuelo y temor a los vikingos que los veneraban.

Los æsir

Los æsir son conocidos a veces como los dioses del cielo. Son el panteón superior de dioses y diosas de la mitología vikinga y residen en Asgard. Son inmortales mientras sigan comiendo manzanas de oro guardadas por Idunn, la diosa de la primavera, la juventud y el rejuvenecimiento. Cuando fue raptada junto con su preciado cesto de manzanas por el *jotun* llamado Thiazzi, los habitantes de Asgard envejecieron y encanecieron hasta que fue rescatada y devuelta a su huerto. A diferencia de las deidades de otras religiones politeístas, las deidades nórdicas pueden ser asesinadas.

Estos dioses y diosas æsir poseen las cualidades admiradas y valoradas por los vikingos, y sus defectos y fragilidades podían, en su mayor parte, ser identificados, aceptados o comprendidos por la persona media. Los æsir están asociados a cualidades y preocupaciones humanas como la guerra, la fuerza y la sociedad. Hay muchos más dioses y diosas æsir con nombre que en el segundo panteón, el de los vanir, o los gigantes de las heladas jotun.

El principal dios æsir de la mitología nórdica era Odín (también conocido como Wōden en inglés antiguo, Wuotan en alto alemán antiguo y Wuodan en neerlandés antiguo). El «padre de todo» es el dios de la guerra y de los muertos. También es el dios de la sabiduría, la poesía y la magia. Es la figura central de la fe vikinga y gobierna el Valhalla, donde las almas de los grandes guerreros son acogidas tras su muerte. En su búsqueda del conocimiento, Odín suele conseguir amantes con las que engendra hijos.

Frigg, su siempre paciente esposa, es la reina de los æsir y la benévola diosa de la maternidad. Es la madre de Baldr, Hod y Hermod. En su obra, Snorri sugiere que Frigg no es reacia a alguna que otra aventura extramatrimonial. En la *Saga Ynglinga*, cuando Odín se ausentó de Asgard, dejó a sus hermanos, Vili y Vé, gobernar en su lugar. Durante ese tiempo, se acostaron regularmente con Frigg.

Thor (de la palabra protogermánica *thunraz*, que significa «trueno»), hijo de Odín y de la diosa jotun Jörð, es el poderoso dios del rayo y el trueno que empuña el martillo. Feroz guerrero, es resistente y poderoso. Con la ayuda de Mjölnir, su martillo encantado, es incluso capaz de volar. En algunos de los mitos, es susceptible a las artimañas y ha sido descrito prosaicamente como un «cabeza hueca». Sin embargo, estas historias aportan humor y la sensación de que al menos uno de los æsir no es tan diferente de la humanidad. Por ello, se lo considera amigo del hombre.

Sif, la esposa de Thor, es una diosa de la tierra y de la familia. Es conocida por su belleza y, en particular, por su maravillosa cabellera dorada. Su hijo Ullr (hijastro de Thor) es un dios especialmente apuesto asociado con el esquí y el invierno. Thrúd («fuerza»), hija de Sif y Thor, es la diosa de la batalla. Modi («ira»), su hijo, es el dios de la ira y estuvo estrechamente relacionado con los temibles y feroces guerreros nórdicos conocidos como *berserkers*. Magni («poderoso»), hijo de Thor con la jotun Járnsaxa («daga de hierro»), es un gran guerrero.

El hermanastro de Thor, el divino Baldr («príncipe»), parecido a Galahad, no es tan fácil de relacionar con su bondad innata, su luz y su incesante alegría. Nanna («madre»), su esposa, está asociada con la maternidad y es devota de su maravilloso marido. En algunos mitos daneses, era originalmente humana y la amante de Höðr («guerrero»), el hermano ciego de Baldr. La hermana de Nanna, la gentil Lofn («consoladora»), es la diosa del amor prohibido, el adulterio y los matrimonios secretos, a la que Odín y Frigg permiten bendecir los matrimonios que han sido prohibidos. Otra hermana, la fiel Snotra («inteligente»), sirve a Frigg y se asocia con la autodisciplina y la cautela. La cuarta hermana, Sigyn («amiga de la victoria»), es la sufrida esposa de Loki y madre de Narfi y Váli. Es la diosa de la bondad, la paciencia y la devoción.

Otras diosas son Eir («misericordia»), que supervisa la medicina y los partos, y vive con sus curanderos en Lyfjaberg, una colina donde esperan ofrendas humanas de *blót* a cambio de su atención. Gefjun («generosa») es una diosa de la agricultura, en particular de la cosecha, y Syn («rechazo») es otra sierva de Frigg. Se la asocia con el rechazo, la negativa y la imposición de límites.

Fulla («plenitud»), que también atiende a Frigg y es responsable de sus joyas y calzado, es la diosa de los secretos. La *Edda prosaica* cuenta que Sjöfn, la diosa del afecto y la amistad, es otra dedicada compañera de Frigg. Hlin (en nórdico antiguo «protectora») se representa a menudo con una espada y un escudo. Proporciona refugio a aquellos que Frigg decide salvar y es la diosa de la compasión, el consuelo y el apoyo. Gná, la diosa de la transición y el cambio del viento, actúa como mensajera de Frigg y cabalga sobre los mares en el caballo volador Hófvarpnir («Lanzador de pezuñas»).

Tyr, otro de los hijos de Odín, es el dios de la justicia y la resolución, mientras que la diosa Var se encarga de supervisar las promesas y los acuerdos, con el poder de castigar a aquellos que rompen sus juramentos. Forseti, hijo de Baldr y Nanna, es el dios de las negociaciones pacíficas. Supuestamente, tenía un tribunal en el que resolvía las disputas con una floritura de su hacha dorada. El dios Bragi es el herrero y poeta de Asgard. Es el esposo de Idunn.

Los vanir

Los dioses y diosas vanir proceden de Vanaheim, un mundo natural de belleza infinita. Es un mundo de bosques verdes y extensiones de aguas claras y tranquilas. Los vanir están asociados principalmente con la fertilidad y la magia. Las mujeres vanir practican el *seidr* (también escrito como *seiðr* o *seidr*), un medio espiritual de curación y profecía capaz de influir en el futuro. Los vanir son seres etéreos e introspectivos. Dado que se conocen menos deidades vanir que las de los æsir, es posible que la mayoría de sus historias se hayan perdido para siempre.

Aunque las casas de los æsir y los vanir conviven pacíficamente, no siempre fue así. Hubo un largo periodo de guerra que comenzó cuando la diosa vanir Gullveig visitó Asgard. Odín y algunos de los otros dioses sintieron una intensa aversión hacia ella porque solo le importaban el oro y las riquezas. Al cabo de un tiempo, les dio tanto asco que la atacaron con lanzas y luego la arrojaron al fuego. Cuando parecía que se había consumido hasta desaparecer, salió de entre las llamas, renacida. Entonces, intentaron quemarla de nuevo, pero ocurrió lo mismo. Sobrevivió a un tercer incendio, y eso bastó para que los æsir creyeran que tenía poderes de bruja.

Como era de esperar, los dioses y diosas vanir se horrorizaron ante este trato a uno de los suyos y juraron vengarse de los æsir. Odín, desde su trono que todo lo ve (Hlidskjalf), vio que los vanir se preparaban para luchar, así que les apuntó con su lanza. Este fue el comienzo de la primera guerra del mundo, al menos según los vikingos.

Los vanir utilizaron magia y hechizos para luchar contra los æsir, que contraatacaron con armas. Después de mucho tiempo, quedó claro que ninguno de los dos bandos estaba cerca de la victoria, por lo que los líderes se reunieron para intentar resolver el camino a seguir. Tras discutir sobre los orígenes de la guerra, airear sus quejas sobre los diversos métodos empleados y reclamar que se les debían reparaciones, los dos grupos acordaron que sería mejor que las dos casas se integraran para poder vivir en paz y unificadas. Dos de los líderes vanir, Njörd y su hijo Freyr, llegaron a Asgard. Los acompañaba la hija de Njörd, Freyja. Los æsir enviaron al más sabio de sus dioses, Mímir («el recordador» o «el sabio») y a Hœnir a Vanaheimr.

Para sellar el final de la guerra æsir-vanir, cada uno de los dioses y diosas escupió en una vasija en un gesto solemne para unir a las dos casas. Esto creó al dios de la poesía, la diplomacia y la inspiración: Kvasir. Aunque era igualmente un æsir, se lo asocia más con los vanir, quizá por su carácter de otro mundo y su propensión a vagar y vagar mientras compartía su sabiduría.

Al principio, los vanir dieron la bienvenida a sus representantes æsir. Incluso hicieron de Hœnir uno de sus líderes. Sin embargo, como siempre difería con el sabio Mímir, empezaron a sospechar y pensaron que tal vez los æsir los habían engañado. Cuando sus dudas se convirtieron en ira, apresaron a Mímir y le cortaron la cabeza. Enviaron la cabeza a Odín. El sabio dios envolvió la cabeza en hierbas especiales y le dirigió encantos hasta que estuvo lo suficientemente encantado como para hablar con él y compartir sus secretos.

Njörd («fuerza» o «poder») era el dios del mar, la pesca y el clima templado. Según la *Saga Ynglinga*, se casó con su propia hermana (sin nombre), que se convirtió en la madre de sus dos hijos. Tras su segundo matrimonio con la doncella jotun Skadi («sombra»), la pareja abandonó Asgard para vivir en el salón del padre de Skadi en las montañas nevadas. Solo hicieron falta nueve noches para que Njörd se diera cuenta de que no podía soportar los sombríos e interminables inviernos y los aullidos de los lobos. Así que regresaron a su salón de Noatun, junto al lago. A Skadi le resultó igual de difícil establecerse allí, así que después de otros nueve días, acordaron separarse. Skadi —una diosa asociada con el esquí— se convirtió más tarde en una de las amantes de Odín.

Freyja («dama») es la icónica deidad femenina vikinga asociada a la fertilidad, la belleza, el amor y la guerra. Ella acoge a los soldados ordinarios muertos en batalla en su salón, Fólkvangr, donde pueden disfrutar de un entorno encantador y sereno mientras los señores de la guerra y los héroes se dan un festín en el Valhalla. No se la suele representar con un arma, pero posee el *fjaðrhamr*, un maravilloso manto hecho de plumas de halcón que permite a su portador volar o transformarse en la forma de un halcón.

Como Freyja es la diosa del amor libre y la promiscuidad, se dice que tuvo relaciones con todos los dioses, incluido su hermano. Su marido, el dios vanir Ódr, está asociado con la imprudencia y la locura. Prefiere llevar una vida solitaria, vagando de un lugar a otro, para disgusto de su esposa. Freyja pasa gran parte de su tiempo buscándolo disfrazada, mientras llora lágrimas de oro. Comparten dos hijas: Hnoss («joya»), diosa de la lujuria y el deseo, y Gersemi («tesoro»), asociada con el adorno, los objetos preciados y la amistad.

El hermano de Freyja y su gemelo (al menos en algunos relatos) es Freyr («señor»), el dios del tiempo soleado, la prosperidad y la fertilidad. Se cree que es uno de los dioses vikingos más populares; hay muchos artefactos que llevan su semejanza. Desde el alto asiento de Odín, Hlidskjalf, Freyr ve y se enamora de la jotun Gerd. Decidido a ganar su mano, le regala algunas de las manzanas de Idunn. Finalmente, ella se casa con él, pero solo después de que él le haya regalado su espada encantada que puede luchar por sí sola. La *Saga Ynglinga* cuenta que su hijo, Fjölnir, se convirtió en un antiguo rey de Suecia.

Freyr monta un jabalí dorado que puede verse en la oscuridad. Este animal recibe el nombre de Gullinbursti («cerdas doradas»). También tiene un barco mágico que siempre encontrará un viento favorable para sus velas y no necesita amarre, ya que se puede plegar para que quepa en su bolsillo. Además, tiene tres leales sirvientes llamados Skírnir, Byggvir y Beyla.

Nerthus es otra diosa vanir asociada con la fertilidad y el nuevo crecimiento. Es posible que sea hermana de Njörd (y madre de Freyr y Freyja), pero esto no es nada seguro. Su historia es misteriosa y vaga, pero se sabe que las primeras tribus del norte de Europa la tenían en gran estima. Incluían un carro cubierto de blanco dedicado a ella en una procesión itinerante.

Gullveig («ebria de oro» en nórdico antiguo), cuya tortura fue la causa de la guerra æsir-vanir, es una hechicera vanir, vidente y diosa del oro y los metales preciosos.

El jǫtnar

Jötunheim es tradicionalmente el hogar de una gran tribu (o tribus) llamada jǫtnar (singular jotun). Tienen una fuerza sobrehumana y a veces se los describe como gigantes de escarcha, aunque en otras leyendas se los describe con una estatura similar a la de los humanos. (Hubo algunos matrimonios entre los habitantes de Asgard y los de Jötunheim, por lo que generalmente se asume que eran de una altura/especie similar). Su reino se describe como un páramo invernal y remoto, con altas montañas y bosques densos e inhóspitos en los que resuenan los aullidos de los lobos.

En los primeros relatos, los jǫtnar suelen ser muy sabios e inteligentes, pero tienen valores diferentes a los de los æsir y los vanir. Probablemente debido a la influencia del cristianismo, se convirtieron en criaturas horribles y monstruosas que eran malévolas, pero a menudo fáciles de burlar. Con el paso del tiempo, muchos folcloristas creen que el concepto de los jǫtnar evolucionó hasta convertirse en los trols escandinavos que habitan en las montañas y que son protagonistas de muchos cuentos de hadas modernos.

Algunas de las primeras jǫtnar eran muy bellas, como Gerd, la esposa del dios vanir Freyr. En *Skírnismál* (un poema de la *Edda poética*), Gerd es descrita como extraordinariamente hermosa, su belleza iluminaba el aire y los mares. Tras su matrimonio, se convirtió en una de las diosas de Asgard, representando la fertilidad y el amor terrenal. Hrodr, la amable giganta, esposa de Hymir, amiga de confianza de Odín y Thor, y (en algunas historias) madre de Tyr, es otra atractiva jotun. Vor (o Vörr), la sierva de Frigg, era originaria de Jötunheim. Antes de la guerra æsir-vanir, era una de las confidentes de Odín y le proporcionó algunos consejos útiles. Después de jurar lealtad a los æsir, se convirtió en la diosa de la verdad y la profecía.

Beli («bramador») es el hermano de Gerd. En *Gylfaginning*, Freyr se ve obligado a luchar contra él para conseguir la mano de Gerd. Sin embargo, tiene que luchar contra Beli sin ningún arma, puesto que ya ha regalado su espada. Al final, Freyr consigue matar a Beli con un cuerno de ciervo.

Thrym es nombrado el poderoso rey de Jötunheim. Es el gigante de hielo, dios del frío y del hielo. En una humorística historia sobre Thor, el poderoso dios del trueno, que intenta recuperar su martillo que Thrym ha robado (o encontrado), se describe el magnífico salón de Thrym, así como el magnífico festín que espera a sus invitados.

Ægir, el dios jotun del mar y de la elaboración de la cerveza, es un generoso anfitrión en los grandes banquetes que se celebran en su fantástico palacio bajo el mar. A estos banquetes asisten y disfrutan los dioses de los æsir. Su esposa, la diosa jotun Rán, también personifica el mar, pero es mucho más siniestra, cruel y poco acogedora. Tiene fama de atraer a los marineros a la muerte con una red encantada que utiliza para arrastrarlos bajo las olas. En algunos de los mitos islandeses, ella organiza sus propios festines para los ahogados en el mar, siempre que sean capaces de pagar sus gastos. Con el tiempo se convirtió en costumbre que los vikingos se aseguraran de llevar algo de oro mientras estaban en el mar para poder pagar a Rán en caso necesario. Ægir y Rán comparten un hijo, Snær, el dios de la nieve, y nueve hijas, las olas del mar. Generalmente, se considera que estas son las madres colectivas del dios con dientes de esmeralda, Heimdal, cuyo padre es Odín. Heimdal (o Heimdall) estaba dotado de previsión y se le encomendó el papel vital de custodiar el puente arcoíris encantado llamado Bifröst.

Los jǫtnar no son tanto enemigos de los dioses de los æsir como aliados. En Asgard, las deidades se esfuerzan por crear orden y claridad para sí mismas y para la humanidad. Inevitablemente, de vez en cuando se producen choques y conflictos, que no siempre son culpa de los jǫtnar. Sin embargo, es importante recordar que hubo varias relaciones y matrimonios entre ellos, la mayoría de los cuales dieron lugar a hijos.

Capítulo cuatro - El cosmos nórdico: el amanecer de los tiempos

Según la religión de los vikingos, en el principio —antes de la vida misma— no había nada. Este enorme vacío (según *Grímnismál* en la *Edda poética*) se conocía como Ginnungagap. Al norte de esta oscura extensión de nada, surgió con el tiempo una fuente o pozo llamado Hvergelmir. Sus aguas proporcionaron los medios para el crecimiento de Yggdrasil, el colosal fresno.

El fresno era un árbol muy conocido por los vikingos. Crece rápidamente con suficiente agua y puede madurar hasta convertirse en un árbol alto en una década. Su madera fue utilizada por los constructores navales y ebanistas nórdicos. La madera de fresno es flexible, resistente a los golpes y tiende a no partirse, por lo que esta especie de árbol fue la elección natural para Yggdrasil, el árbol del mundo.

Una ilustración de Yggdrasil[a]

Las raíces de Yggdrasil se extendían hasta las mismas profundidades de Ginnungagap, llegando finalmente al pozo de Urd, donde residen las tres *nornas* (o *nornir*). Las nornas se describen en *Völuspá* (el poema más conocido de la *Edda poética*) como Urd (el pasado), Verdandi (el presente) y Skuld (el futuro). Estas tres hermanas jötnar tienen el poder de influir en el destino. Urd, la mayor, es una anciana marchita que siempre mira al pasado. Verdandi es joven y mira al frente con una mirada fuerte y firme. Estas dos hermanas tejen juntas el destino mientras Skuld, la más temible y que está completamente velada, desgarra periódicamente su tejido, sumiendo el cosmos en el caos y la confusión. Las tres también tallan runas en Yggdrasil que predicen el futuro.

En el *Grímnismál*, Yggdrasil se imagina de forma diferente. Tiene tres grandes raíces:

«Neath la primera vive Hel,

Neath el segundo los gigantes de escarcha,

Bajo el último están las tierras de los hombres»[i].

Cada una de las tres raíces tomaba agua de su propio pozo: Urðarbrunnr atendido por las nornas, las aguas de la creación de Hvergelmir, y Mímisbrunnr, el pozo de la sabiduría.

En la base de Yggdrasil, varias serpientes evolucionan y se deslizan junto al dragón, Níðhöggr (o Nidhogg), que muerde y mastica las raíces para causar daños al árbol.

El exceso de agua que fluía de Hvergelmir formó el reino helado y brumoso de Niflheim y once ríos de agua helada llamados colectivamente Élivágar. Al mismo tiempo, la parte meridional de Ginnungagap comenzó a calentarse cada vez más hasta convertirse en Muspelheim, un ardiente horno de llamas, espeso humo negro y lava.

Este calor furioso comenzó a calentar el yermo helado de Niflheim hasta que cayeron pequeñas gotas de agua descongelada. Al caer sobre Muspelheim, crearon chispas que volaron hacia la oscuridad para crear estrellas.

Cuando el fuego y el hielo empezaron a unirse, generaron una bola de energía que dio lugar a la creación del primer ser, Ymir («gritón»), un jotun. Una versión alternativa de este mito es que las chispas esgrimidas por la espada flamígera del gigante de fuego Surtr («el moreno») crearon los cuerpos celestes y propiciaron las condiciones para la creación de Ymir.

---

[i] La *Edda poética*. Traducido por Carolyne Larrington. Snorri Sturluson. Oxford University Press, 2014.

En otra versión de esta historia, de *Gylfaginning* en la *Edda prosaica*, Ymir no es producto de la fusión de los elementos, sino que nació del veneno «fermentado» llamado *eitr*, que se encuentra en las aguas de Élivágar:

«De Élivágar cayó veneno,

y creció hasta convertirse en un gigante;

y de ahí surgió nuestra raza de gigantes,

y así de feroces nos encontramos»[1].

Al mismo tiempo, se creó la inmensa vaca primordial Audhumla (Auðumla, «destructora de desiertos»). El *Gylfaginning* explica que esta vaca sin cuernos, similar a las que los granjeros del norte de Europa habían criado desde la prehistoria, proporcionó cuatro ríos de leche que alimentaron a Ymir mientras ella lamía el limo del hielo superficial para su propio sustento.

Suficientemente alimentado, Ymir descansó. De cada una de sus axilas surgieron un ser masculino y otro femenino. De sus piernas surgió un monstruo de seis cabezas. Estos fueron los antepasados de los jǫtnar.

Mientras tanto, a medida que Audhumla lamía el hielo, su cálida lengua lo descongelaba. El primer día, dejó al descubierto el cabello del primer dios, que se había formado bajo el hielo. El segundo día, su cabeza quedó al descubierto, y al tercer día, se pudo ver su cuerpo. Su nombre era Búri («productor»). Fue el primero de los æsir y era (según el *Gylfaginning*) «de rasgos hermosos, grande y poderoso». Así pues, Audhumla tuvo un papel esencial en la formación tanto de los æsir como de los jǫtnar.

Búri tuvo un hijo (por medios desconocidos o inexplicables) llamado Borr («barrenador»). Mientras soñaba, Búri tuvo una visión de que los jǫtnar eran malvados, así que él y su hijo se dispusieron a librar al mundo de Ymir y sus descendientes. Sin embargo, a medida que caía la noche, la lucha terminaba sin que ninguno de los dos bandos lograra una victoria sobre el otro.

Borr se casó con una jotun llamada Bestla («esposa»), hija del gigante Bölthorn («espina maligna»). Tuvieron tres hijos: Odín, Vili («voluntad») y Vé («deseo»). Juntos, los hermanos mataron a Ymir (su bisabuelo

---

[1] La *Edda prosaica - Cuentos de la mitología nórdica*. Traducido por Jesse Byock. Snorri Sturluson. Penguin Classics, 2005.

materno) tras vencer finalmente a su enemigo en la batalla. De las heridas del viejo gigante manó tanta sangre que todos los jǫtnar se ahogaron en ella, a excepción de Bergelmir («gritón de la montaña»), que se convertiría en el antepasado de las futuras generaciones de gigantes de las heladas.

Odín, Vili y Vé llevaron entonces los restos de Ymir al centro de Ginnungagap para crear el mundo. En el poema *Grímnismál*, Odín recuerda cómo la sangre de Ymir se convirtió en los mares; sus huesos, en colinas y montañas; sus dientes, en rocas, piedras y grava; sus músculos y su piel, en arena y grava, y su pelo, en los árboles.

Los hermanos tomaron su cráneo y lo colocaron sobre el mundo para formar los cielos. Cuatro enanos llamados Nordri, Sudri, Austri y Vestri (las direcciones de las brújulas están tomadas de estos cuatro) tomaron las cuatro esquinas y lo mantuvieron en alto. Capturaron algunas de las chispas que volaban del horno arremolinado de Muspelheim y las lanzaron a los cielos recién creados y crearon el sol, la luna y las estrellas para que su nuevo mundo ya no estuviera velado por la oscuridad.

Temiendo que los jǫtnar se acercaran a este reino con malas intenciones, Odín, Vili y Vé tomaron las cejas de Ymir y las formaron en un límite para rodear el mundo y mantenerlo a salvo.

Una vez que estuvieron satisfechos de que su trabajo estuviera completo, los hermanos se dispusieron a crear las primeras personas que vivieron allí. Tallaron un hombre y una mujer a partir de dos troncos de árbol que encontraron tirados en la playa. Odín les insufló vida. Vili les dio sangre y la capacidad de ver, oír, hablar y razonar, así como una complexión sana. Para no ser menos, Vé les dio ropa adecuada.

Sin embargo, en la *Edda poética*, Odín, Hœnir y Lódurr encontraron a los humanos ya creados, vagando sin sentido ni medios de comprensión. Odín los dotó de su capacidad mental, Hœnir les dio sangre y Lódurr ordenó sus complexiones. Puesto que Hœnir y Lódurr no se vuelven a mencionar y se sabe tan poco de ellos, el primer relato (la *Edda prosaica*) es la versión que generalmente se prefiere.

Los hermanos llamaron al hombre Ask («fresno» en nórdico antiguo) y a la mujer Embla («olmo» o quizá «vasija de agua» o «vid»). Los humanos comenzaron una vida pacífica en la recién creada Midgard. Después de pasar algún tiempo vagando y explorando su hábitat, encontraron una morada ya construida y esperándolos. Se instalaron allí y domesticaron a los animales más dóciles. También tuvieron varios hijos.

A medida que Midgard se iba poblando con sus descendientes perfectos, Odín nombró a Ask y Embla gobernantes del reino. Con el paso de los años, los jǫtnar, los elfos y otros seres llegaron a Midgard disfrazados de humanos y tuvieron hijos con los nativos. Las generaciones posteriores se vieron corrompidas por la crueldad y la maldad asociadas a esos seres.

La historia de la creación del sol y la luna, así como la explicación de su movimiento, se relata en el *Gylfaginning*. Gylfi, un antiguo rey de Suecia que viajó a Asgard en busca de conocimiento, se encontró con Hárr («alto»), Jafnhárr («igual de alto») y Thridi («tercero»), seres místicos de los æsir. Es posible que estas tres deidades fueran Odín y sus hermanos Vili y Vé, pero también podrían haber sido todos Odín. El rey Gylfi se entera de que el sol corre por el cielo porque un lobo salvaje, Sköll, lo persigue, dispuesto a devorarlo. Del mismo modo, la luna es perseguida por otro lobo, Hati.

Los lobos persiguiendo a Sól y Mani⁸

Estos monstruos son hijos de una giganta llamada Hródvitnir, que vive muy al este de Midgard y ha dado a luz a muchos gigantes con aspecto de lobo. En otros relatos, Sköll («sombra») y Hati («odio») son hijos de Fenrir (el hijo de Loki y la giganta Angrboda). Nacieron en el bosque de Járnvidr («madera de hierro»). Dado que su madre podría haber sido también su abuela paterna, este linaje podría explicar su frenética sed de sangre.

Las deidades del sol y la luna, Sól y Máni, respectivamente, eran originalmente humanas, según la *Edda poética*. Cuando su padre, Mundilfari, les puso arrogantemente el nombre de los venerados cuerpos celestes, los æsir las hicieron desterrar a los cielos. En una versión más caritativa, los æsir apreciaron su belleza y les concedieron el gran honor de servir a los dioses.

A estas dos hermanas se les encomendó la poco envidiable tarea de guiar al sol y a la luna a través del cielo cada día. Sól tira del sol en un carro arrastrado por dos caballos llamados Árvakr («veloz») y Álsvidr («madrugador»). Junto a ella, en el carro, viaja un hombre llamado Svalinn, que sostiene en alto un escudo para proteger a los habitantes de Midgard de la fuerza de los rayos solares.

En el *Gylfaginning*, Máni «guía el camino de la luna y controla su creciente y menguante». Le siguen dos niños más pequeños, Hjúki («el que cobra fuerza») y Bil («el menguante»), que habían ido a buscar agua al pozo de Byrgir. Estos dos son casi con toda seguridad el origen de Jack y Jill de la fama de las rimas infantiles.

Los mitos nórdicos de la creación comparten varios conceptos con otras culturas. El Yggdrasil central y omnipresente es similar a la higuera sagrada Aśvattha de las escrituras hindúes, al árbol sagrado de *Erica* en el que se encuentra el cuerpo de Osiris en la mitología egipcia y al árbol Bodhi (baniano) que aportó la iluminación a Buda. También está el Árbol de la Vida en el Jardín del Edén. Además, las deidades sagradas de las vacas como Audhumla aparecen en los antiguos mitos egipcios (como la diosa Hathor) y en el hinduismo como Kamadhenu, la Madre Divina. La historia de los dos primeros progenitores masculino y femenino es la base de la mayoría de las religiones y mitos de la creación a lo largo de la historia del mundo.

Por supuesto, debemos recordar que las fuentes escritas de las que dependemos para los mitos nórdicos (incluidas la *Edda poética* y la *Edda prosaica*) se produjeron mucho después de la difusión del cristianismo, por lo que es probable que algunas de estas historias sean bastante diferentes de las versiones originales.

Capítulo cinco - Yggdrasil y los nueve reinos

Las enormes ramas del árbol del mundo Yggdrasil, apodado el «más noble de los árboles» por Odín en el *Grímnismál*, alcanzan gran altura. Un águila gigante está posada en el punto más alto del árbol. En el pico del águila y entre sus ojos se asienta el halcón, Vedrfölnir («pálido de tormenta»). Juntos, vigilan los nueve reinos del cosmos nórdico.

El temible dragón Nidhogg, enroscado en las raíces de Yggdrasil, envía a una ardilla llamada Ratatoskr («el viajero») a proferir horribles insultos al águila, que extiende sus alas y las agita con furia, haciendo temblar el árbol. El águila envía mensajes incendiarios de vuelta a Nidhogg, agitándolo de tal forma que se retuerce de furia. Esto ayuda a explicar condiciones como los vientos huracanados (por las alas del águila) y los temblores de tierra (por el movimiento de la serpiente). En el poema *Grímnismál* de la *Edda poética*, Odín revela que hay más serpientes «de las que cualquier simio insensato pueda imaginar» viviendo bajo las raíces de Yggdrasil y que el viejo árbol «sufre una agonía mayor de la que los hombres conocen» al soportar el veneno de las serpientes y el roer interminable de su corteza por cuatro ciervos llamados Daínn, Dvalinn, Duneyrr y Duraþrór.

Las tres nornas, además de tejer los destinos de todos los seres, cuidan del árbol y le lavan cualquier daño y herida con aguas de su pozo sagrado de Urðarbrunnr («pozo de los destinos»). En su búsqueda de la sabiduría, Odín visita a las nornas para intentar comprender sus conocimientos y aprender de sus runas, los poderosos símbolos que componen el alfabeto sagrado germánico antiguo y que encierran los secretos y misterios del universo. En la poesía escáldica, estas runas encierran la clave para manejar la magia.

Los nornas tallan el destino de todos los seres en las raíces de Yggdrasil utilizando el alfabeto rúnico sagrado. Mientras Odín las observa trabajar, siente cada vez más envidia del poder y el conocimiento que poseen. Cuando les ruega que compartan su sabiduría, los nornas le dicen que solo se revelarán a aquel que sea digno. Entonces, Odín se ve obligado a tomar medidas drásticas para obtener el conocimiento místico que ansía.

Tras empalarse con su lanza, se cuelga de las ramas de Yggdrasil durante nueve días, insistiendo en que nadie debe ayudarlo ni traerle comida. Durante nueve días, mira fijamente las runas y espera la iluminación. En el poema *Hávamál*, recuerda:

«Creo que me colgué del árbol ventoso,

colgado allí durante nueve noches enteras; y ofrecido estaba,

a Odín, yo a mí mismo,

en el árbol que nadie conozca

qué raíz por debajo corre.

Ninguno me hizo feliz ni con un pan ni con un cuerno,

y allí abajo miré;

cogí las runas, chillando las tomé,

e inmediatamente caí de espaldas».

Su sacrificio tiene éxito. Al noveno día, las runas se le revelan por fin. Tras comprenderlas, imparte a otros los conocimientos que ha adquirido durante su incesante peregrinar.

Sobre el gran árbol Yggdrasil hay nueve reinos, incluido el mundo humano fortificado que es Midgard. El concepto de estos reinos se refuerza con frecuencia tanto en la *Edda poética* como en la *Edda prosaica*, pero nunca se enumeran o definen de forma exhaustiva, por lo que se ha dejado en manos de eruditos y mitólogos la tarea de determinar con exactitud cuáles eran estos reinos. Así pues, existe cierta ambigüedad. Teniendo en cuenta que hay algunos mundos que se solapan y la mención de otros mundos posibles, se acepta ampliamente que los nueve reinos son Asgard, Vanaheimr, Álfheim, Midgard,

Svartálfheim, Jötunheim, Niflheim, Muspelheim y Helheim.

Asgard es el reino de los æsir. Según la *Edda prosaica*, está en el centro del mundo y rodeado por Midgard, el mundo humano, con Jötunheim más allá, lo que sugiere que los nueve reinos pueden haber sido algún sistema de discos concéntricos, con Yggdrasil como una especie de eje vertical en el centro.

Según el *Völuspá*, Asgard sufrió muchos daños durante la guerra con los vanir y tuvo que ser reconstruida. El *Grímnismál de* la *Edda poética* cuenta la historia de un jotun disfrazado de maestro de obras (en algunos relatos, da su nombre como Borgarsmidr). Se acerca a los æsir con la oferta de reconstruir Asgard durante tres inviernos a cambio del sol, la luna y la diosa Freyja. Los dioses aceptan, a pesar de la negativa absoluta de Freyja a cooperar con semejante trato. Sin embargo, exigen que se complete en un año, creyendo que este objetivo inalcanzable permitiría reconstruir Asgard sin la posibilidad de perder los cuerpos celestes y a Freyja. El jotun acepta estas condiciones y se pone manos a la obra. Su poderoso semental, Svadilfari («viajero desafortunado»), mueve los grandes peñascos para ayudarle, y él trabaja como un poseso. Pronto queda claro que el constructor está en plazo para terminar dentro del año.

Horrorizados, los æsir se dan cuenta de que tendrán que hacer algo para frenar su avance y piden ayuda a Loki, el dios embaucador y solucionador oficioso de problemas. Loki, un cambiaformas, se transforma en una bonita yegua con la esperanza de distraer a Svadilfari. El semental pierde rápidamente el interés por ayudar a su amo. Al no poder confiar ya en la fuerza bruta del caballo, la construcción se ralentiza. Cuando el constructor se da cuenta de que está condenado al fracaso, pierde los estribos y se revela como un jotun, un enemigo de los æsir. Thor lo mata rápidamente con su martillo, Mjölnir. En otra versión de este mito, el constructor fue empleado para construir un gran muro fortificado alrededor de Asgard en lugar de la propia ciudadela.

Loki distrajo bastante a Svadilfari y acabó cargando con Sleipnir («resbaladizo»), el caballo de ocho patas que podía viajar por el aire y sobre el agua. También se ha sugerido que las ocho patas recuerdan a los portadores de féretros que llevan a los muertos, posiblemente porque Loki regaló el caballo a Odín, el dios de los muertos.

Odín y Sleipnir de un manuscrito islandés del siglo XVIII[4]

Iðavöllr («llanura del esplendor»), mencionada dos veces en los *Völuspá*, está en el centro de Asgard. En ella, «Santuarios y templos entramaron en alto; fraguas pusieron, y herrerías mineralizaron, tenazas forjaron, y herramientas modelaron». Allí está Gladsheimr («hogar brillante»), que, según el *Gylfaginning*, es un lugar de reunión para los æsir con trece asientos altos, donde los dioses se reúnen para celebrar consejo —quizá recuerde un poco a la Mesa Redonda del rey Arturo en la mitología antigua inglesa. En el *Gylfaginning*, se describe como «un templo en el que había asientos para los doce, aparte del asiento alto del padre de todos. Es la morada más grande y mejor de la tierra; por fuera y por dentro es como el oro puro». Vingólf, «un edificio muy hermoso», es el salón y lugar de reunión de las diosas de Asgard. También se encuentra en esa llanura. La sala de Baldr, Breidablik, es la más bella de las moradas de los dioses: *Gylfaginning* afirma que «en ese lugar no puede haber nada impuro». El hijo de Baldr y Nanna, Forseti, el dios de la justicia, tiene su propia sala plateada y dorada llamada Glitnir («brillante»), que también se utiliza como tribunal para los æsir.

Asgard alberga también la gran sala de Odín, el Valhalla, y la sala de Freyja, Sessrúmnir, donde residen las almas de los héroes y guerreros humanos. Hay varios otros salones y moradas en Asgard. El propio Odín tiene varios salones. El Valaskjálf («estante de los muertos») tiene un techo de plata brillante y una torre alta en la que Odín tiene su trono que le permite ver los nueve reinos.

La sala de Thor, Bilskirnir, se describe como la más grande de los nueve reinos y cuenta con más de 540 habitaciones. La segunda sala más grande es Landvidi, la sala del dios Vidar. Vive allí con su madre Gridr. Está descuidado y cubierto de hierbas salvajes. El dios de la arquería, Ullr, tiene una casa cerca del bosque de Ýdalir («valles de tejo»), donde puede ir a recoger las mejores ramas para sus arcos y flechas.

La reina de los æsir, Frigg, la esposa de Odín, tiene un salón llamado Fensalir («salones Fen») en los humedales de Asgard. Njörd, el dios vanir que estableció su hogar en Asgard tras el acuerdo de paz, tiene una sala llamada Noatun («lugar de los barcos») al borde del mar. Allí vela por los marineros y pescadores. Sökkvabekkr («bancos hundidos»), la sala de Saga, la hospitalaria diosa de la segunda vista, es un lugar «donde fluyen las frescas olas, y en medio de su murmullo se alza; allí beben a diario Odín y Saga, con alegría de copas de oro».[i]

Entre Asgard y Midgard se encuentra el Bifröst, un puente arcoíris en llamas encantado que se extiende desde Asgard hasta el reino humano de Midgard. Según el *Grímnismál*, Heimdal, guardián del puente y dios que necesita dormir menos que un pájaro, tiene allí «su casa bien construida».

---

[i] La *Edda Poética*. Traducido por Carolyne Larrington. Snorri Sturluson. Oxford University Press, 2014.

En la *Edda prosaica* (concretamente, en la *Gylfaginning*), hay más información sobre el Bifröst. Fue construido por los dioses «con arte y habilidad en mayor medida que otras construcciones» y consta de tres colores. Todos los días, los dioses lo atraviesan a caballo, salvo Thor, que vadea las aguas hirvientes del río Körmt para llegar a Urðarbrunnr, donde discuten el orden del día.

El reino de los vanir, Vanaheimr, no se describe con gran detalle en las Eddas. Se cree que es un mundo forestal templado y exuberante, más bien cubierto de maleza, un lugar más natural que la ordenada ciudad de Asgard. En el *Lokasenna* de la *Edda poética*, Loki afirma que el dios vanir Njörd llegó a Asgard por el este, lo que indicaría que el reino de Vanaheimr está situado en algún lugar al oeste.

El tercer reino en el nivel más alto del cosmos es Álfheim («hogar de los elfos»), también llamado Ljósálfheimr o Álfheimr. Es el hogar de los Ljósálfar («elfos de la luz»). Estos seres están estrechamente asociados con los vanir y son «más bellos que el sol», según la *Edda prosaica*. El dios Freyr gobierna Álfheim; le fue regalada cuando era niño.

Midgard («recinto del medio») es el reino de los humanos. Fue creado por Odín y sus hermanos a partir del cuerpo del gigante Ymir. Es el mundo intermedio entre los reinos celestiales y ordenados y los del mal y el caos.

Los svartálfar («elfos morenos»), a veces conocidos como dökkálfar («elfos oscuros»), habitan Svartálfheim («hogar de los elfos morenos»), también conocido como Nidavellir o Myrkheim[i]. Es el reino de los enanos. Es un terreno oscuro, sombrío y poco acogedor, con grupos de cavernas subterráneas bajo raíces retorcidas y nudosas. Está por debajo de Midgard y por encima de Helheim en el Árbol del Mundo.

Jötunheim («mundo de los gigantes») es el reino de los jǫtnar o gigantes de escarcha. Las descripciones pintan un cuadro de montañas inmensamente altas y bosques vastos y oscuros. No es un lugar especialmente hospitalario, al menos para los æsir, los vanir o los humanos. A veces se hace referencia a él como Útgardr («más allá del cerco» o «recinto exterior»), lo que apoya la teoría de que los reinos son círculos concéntricos con Yggdrasil como eje central. Sin embargo, también se ha sugerido que Útgardr es algún tipo de asentamiento

---

[i] La mayoría de las fuentes utilizan svartálfar y dökkálfar indistintamente, pero algunas fuentes afirman que son independientes.

importante —una especie de capital— de este reino.

Niflheim («mundo de niebla»), el primero de los dos reinos primordiales que existieron antes de que comenzara la vida, es una tierra helada y congelada de niebla y oscuridad donde comenzó la creación. A veces se confunde con Helheim, que gobierna la diosa Hel; en algunas sagas, se solapan. Está habitada por antiguos gigantes de hielo que presumiblemente son distintos de los jǫtnar de Jötunheim. Generalmente, se considera un yermo estéril, ya que la mayor parte de la vida no puede sobrevivir.

Según *Gylfaginning* en la *Edda prosaica*, es la ubicación del pozo de Hvergelmir, uno de los manantiales de las raíces de Yggdrasil, y de los ríos helados de Élivágar que fueron un elemento importante en el comienzo de la vida.

Muspelheim («destructor del mundo»), el segundo reino primordial, es el dominio de los gigantes de fuego o demonios. Su jefe, Surtr («el moreno»), un gigante aterrador, vigila la frontera con una espada flamígera. Es una tierra humeante y resplandeciente de llamas y volcanes donde nadie podría sobrevivir aparte de los habitantes locales.

El barco *Naglfar*, mencionado en la *Edda poética* y la *Edda prosaica*, está hecho de las uñas sin recortar de los muertos. Una vez terminado, desempeñará un papel en la batalla final del Ragnarök. El personaje High sugiere sabiamente que es prudente mantener las uñas cortas y ordenadas para que el barco tarde más en construirse.

En este sentido, según la *Edda prosaica*, Surtr dirigirá a los gigantes de fuego en la gran batalla final durante el Ragnarök: «En el fin del mundo irá a hacer la guerra y derrotará a todos los dioses y quemará el mundo entero con fuego». Al igual que formó parte de la creación, Muspelheim está ahí para la destrucción de la vida.

Helheim («el mundo de Hel»), en las entrañas mismas del cosmos, está gobernado por Hel, la hija de Loki, y es el destino final de los muertos. Se dice que se extiende hacia abajo y hacia el norte y está dividido en varias zonas. El salón de Hel recibe el nombre de Eljudnir (Éljúðnir) («rociado de tormentas de nieve») y está situado en Niflheim. Helheim es un paisaje sombrío y helado, azotado por tormentas de granizo y vientos helados. Tiene muros altos e impenetrables. Los muertos deben cruzar el puente dorado de Gjallarbrú sobre el río Gjöll para llegar a su salón. Este puente está custodiado por una giganta jotun maníaca llamada Modgud («frenesí de guerra»), que decide quién debe entrar por las puertas de Eljudnir e impide que nadie salga.

Inmediatamente fuera de la sala se encuentra Garm, un sabueso vicioso y monstruoso que vigila las puertas. También está Fallandaforad, un gran foso en el que Hel tiene su cama, kör («lecho de enferma»), oscurecida por unas cortinas hechas jirones llamadas Blikjandaböl («desastre reluciente»). Allí la atienden sus sirvientes, Ganglati y Ganglot (ambos nombres significan «caminante perezoso»), que se mueven tan lentamente que es difícil ver si realmente se mueven. Le traen la comida en un plato conocido como «hambre», y ella se lo come con el cuchillo que llama «hambruna».

Para los peores pecadores, Náströnd («playa de cadáveres») era su destino final. Las almas de estos asesinos, adúlteros y violadores de juramentos eran obligadas a vadear el veneno hasta un castillo orientado al norte, cuyo tejado era una masa de serpientes retorciéndose. Allí sufrirían un tormento eterno, concretamente la tortura por parte del vil dragón Nidhogg, que succiona la sangre de sus cuerpos.

Capítulo seis - Odín, el padre de todos

En la mitología vikinga, Odín es el dios de la sabiduría, el conocimiento, la poesía, las runas, el éxtasis y la magia, pero es principalmente un dios de la guerra y es responsable de los que mueren en la batalla. Como jefe de los dioses y diosas æsir, es un personaje extremadamente complejo y polifacético.

Como gran guerrero, se dice que nunca perdió una batalla (aunque el final de la primera guerra entre los æsir y los vanir no fue una victoria rotunda). Después de que él y su hermano crearan Midgard, Odín viajó extensamente por los nueve reinos, involucrándose en muchas guerras y batallas. Los guerreros nórdicos creían que Odín decidiría qué bando derrotaría al otro y le rezaban en busca de protección y guía. Le hacían sacrificios antes de entrar en batalla. Los feroces e intrépidos *berserkers*, que luchaban como si estuvieran en trance y hacían caso omiso de las heridas más graves, lo consideraban su patrón. En el texto de Adam de Bremen, *Gesta Hammaburgensis ecclesiae pontificum* (*Hechos de los obispos de Hamburgo*), se refiere a Odín como Wotan en su descripción del templo de Upsala y lo describe como el dios de la guerra al que la gente dejaba sacrificios en tiempos de conflicto.

Aunque Odín es indiscutiblemente el jefe de los dioses nórdicos, la *Saga Ynglinga* lo describe como «rey de los æsir». Tanto Tácito como Adán de Bremen afirman que Thor era el dios principal en la religión pagana nórdica, por lo que es posible que Odín no se convirtiera en la figura paterna central de Asgard hasta las Eddas. Se lo menciona en la mayoría de los relatos de las Eddas, pero eso podría ser resultado de la influencia del cristianismo. Muchas de las experiencias de Odín son comparables con figuras de la Biblia, incluido él mismo colgado del árbol del mundo Yggdrasil, sus contemplaciones en el desierto y su actitud paternal hacia la gente de Midgard.

Una representación de Odín del siglo IX[5]

Además de ser el creador, Odín es el padre de varios dioses. Thor, Baldr, Vidar y Váli son identificados como sus hijos en las Eddas. Heimdal, Bragi, Tyr, Höðr y Hermód tienen una filiación dudosa y, en algunos relatos, Odín es su padre. También es el fundador de dinastías terrenales, como los reyes burgundios de la *Saga Völsunga*. Además, se dice que Skjöldr, el legendario rey danés, y el rey Sæmingr de Noruega eran hijos de Odín. En 2020, se descubrió un tesoro en un campo de Jelling, Dinamarca. Incluía un bracteado (colgante) de oro de ochocientos gramos que data del siglo V de nuestra era. Lleva inscrito en letras rúnicas el nombre del propietario, «Jaga» o «Jagaz», que se cree era un jefe que podría haber reclamado a Odín como antepasado, con las palabras «hombre de Odín» junto a la imagen de un hombre y un caballo.

La madre de Thor, Odinson, el hijo mayor de Odín, se atribuye generalmente a la diosa de la tierra Jörd. Sin embargo, existe cierta confusión, ya que Jörd también ha sido catalogada como hija de Odín.

Se dice que la diosa Frigg (esposa de Odín) es hija de Fjörgynn, otro nombre de Jörd. Parte de esta confusión puede deberse a que el nombre Jörd también es la palabra nórdica antigua para «tierra».

Odín es descrito en el *Gylfaginning* de la *Edda prosaica* como «amado de Frigg». Como su esposa, Frigg es reina de los æsir, y es la madre de sus malogrados hijos, Baldr y Höðr.

En uno de los mitos de la *Edda poética*, Agnar y Geirrod, los jóvenes hijos del rey Hraudung, están pescando cuando su barca es arrastrada por el viento hasta la orilla. Un granjero y su esposa (que se revela que son Odín y Frigg) los encuentran y cuidan de ellos durante el invierno. El granjero se interesa especialmente por Geirrod, mientras que su esposa cuida de su hermano mayor. En la primavera siguiente, el anciano les regala una barca, susurra algo a su hijo adoptivo favorito y los envía de regreso.

Cuando llegan a su casa, Geirrod salta de la barca y la empuja de vuelta al mar con Agnar aún a bordo, maldiciéndolo. «Ve donde te lleven los trols», le dice a su hermano. El barco encantado se aleja rápidamente. Cuando Geirrod entra en la sala de su padre, descubre que este ha muerto mientras él estaba fuera. Como el hermano mayor se ha perdido en el mar, Geirrod es coronado rey.

Un día, Odín se ríe del destino de Agnar mientras vive en una cueva con una mujer trol y sus hijos. Frigg señala que, aunque Geirrod sea rey, es un mal gobernante. Es mezquino y tacaño. Geirrod no alimenta a sus invitados si son demasiados, lo cual es un comportamiento imperdonable para los vikingos hospitalarios y amantes de los festines. Odín, poco dispuesto a creer que su hijo adoptivo pudiera ser capaz de un crimen tan atroz, hace una apuesta con Frigg de que simplemente no es así. Odín se prepara para ir a ver a Geirrod por sí mismo, disfrazado de Grimnir («rostro ensombrecido»).

Frigg envía rápidamente a su sierva Fulla para que le diga a Geirrod que un hechicero malévolo se dirige a su reino para causar daño, pero que será fácil de reconocer porque ningún perro le ladrará. Cuando Grimnir llega, Geirrod pone a sus perros sobre él (como ha hecho con todos sus invitados). Cuando los perros ni siquiera olfatean al extraño, Geirrod ordena a sus hombres que aten a Grimnir y lo suspendan entre dos grandes hogueras durante ocho noches en un intento de hacerlo revelar sus intenciones. Por supuesto, el dios disfrazado no hablará.

El joven hijo de Geirrod, también llamado Agnar (igual que el hermano al que el rey había traicionado), se apiada del prisionero y le da a beber hidromiel. Para entonces, el fuego se ha vuelto tan feroz que el disfraz de Odín se ha quemado. Odín comienza a hablar con el muchacho. Le habla de Asgard y de los muchos nombres y disfraces que ha adoptado.

Agnar revela a su padre la verdadera identidad del prisionero torturado. Geirrod, horrorizado, se levanta de un salto para ir a liberar a Odín del fuego, pero en su prisa, cae sobre su espada y es asesinado. Agnar (el hijo, no el hermano) se convierte entonces en rey y gobierna sabiamente durante muchos años.

A veces se hace referencia a Odín como el «dios cuervo». Su asociación con estas aves es sin duda anterior a las Eddas. Los artefactos de la época vikinga lo muestran a menudo con representaciones de cuervos y, en el folclore, se dice que su aparición tras un sacrificio era señal de que Odín lo había aceptado. En el *Grímnismál* de la *Edda poética*, Odín habla de sus propios cuervos, Hugin (posiblemente del nórdico antiguo *hugr*, que significa «pensamiento») y Munin (de *munr*, que significa «memoria»). Estos cuervos vuelan cada día por todo el mundo. Cuando regresan, susurran a Odín, contándole todo lo que han visto.

Además de sus compañeros pájaros, Odín tiene dos lobos grises: Freki («el voraz») y Geri («el glotón»). Se dice que Odín los creó para que le hicieran compañía cuando se sentía solo durante sus viajes, y se convirtieron en sus leales guardianes. Se animaba a los vikingos a respetar y aprender de estos animales. Los cuervos eran conocidos por su inteligencia, y los lobos eran igual de valientes y sabios. Los lobos tenían un fuerte sentido de la familia, ya que demostraban cuidar de todos los miembros de sus manadas.

Odín dedica gran parte de su tiempo a la búsqueda del conocimiento. En el *Völuspá* de la *Edda poética*, el más sabio de todos los dioses era inicialmente Mímir, una misteriosa deidad del agua que vive en el pozo de Mimisbrunnr, el cual proporciona agua a la raíz de Yggdrasil de Jötunheim. (En otras historias, el sabio Mímir era el desafortunado dios vanir cuya cabeza decapitada Odín llevaba consigo). Según el *Völuspá*, Mímir guarda este pozo, ya que es donde «se almacenaban la sabiduría y el entendimiento». Cualquiera que bebiera sus aguas sería iluminado para siempre. Mímir bebe de él cada mañana. Cuando Odín lo visita, ansioso de conocimiento, tiene que renunciar a uno de sus ojos a cambio de una parte.

Mímir vierte el agua en el Gjallarhorn, una de las posesiones más preciadas de los æsir. Además de ser un cuerno para beber, el Gjallarhorn es también un instrumento musical. En otras historias, el Gjallarhorn se entrega a Heimdal, el dios encargado de vigilar el reino de Asgard. Una vez que Odín ha bebido del pozo, se convierte en el más sabio de todos los dioses. A pesar de haber perdido su ojo, es capaz de ver más que ninguno de ellos, gracias a sus inmensos conocimientos.

En otro de los mitos de Odín, Kvasir, el elocuente dios de la poesía y la sabiduría (que se había formado a partir de la saliva de los æsir y los vanir tras la guerra), se había dedicado a vagar y a compartir sus bellas palabras y su astucia con todos los que encontraba. Cuando se cruza con dos enanos particularmente horribles llamados Fjalar («engañador») y Galar («gritón»), matan a Kvasir y drenan toda la sangre de su cuerpo, luego la mezclan con miel para hacer un hidromiel encantado al que llaman Óðrœrir, el hidromiel de la poesía. Almacenan el hidromiel en tres recipientes. Cuando los dioses buscan a Kvasir, los enanos se ríen juntos y dicen que se ha atragantado con su propia astucia.

Pero preocupados por que los poderosos dioses vengan por ellos, los enanos convencen a un gigante, Gilling, para que los lleve mar adentro. Cuando llegan a aguas profundas, lo dominan y cae por la borda. Incapaz de nadar, se ahoga. Cuando los malvados enanos regresan a la orilla y le dicen que Gilling ha muerto en un accidente, llora de dolor. A los enanos les disgusta el sonido de sus lamentos y la matan dejando caer una piedra de molino sobre su cabeza.

Estos gigantes tienen un hijo llamado Suttungr («pesado con la bebida»), que se apodera de la pareja asesina cuando se entera de lo que han hecho a sus padres. Suplicando por sus vidas, le ofrecen sus tres recipientes del hidromiel de poesía que hicieron con la sangre de Kvasir. Suttungr acepta. Lo esconde bajo el Hnitbjorg, una montaña, con su hija Gunnlöd haciendo guardia.

Odín está decidido a beber este hidromiel y obtener sus poderes, así que se disfraza de labrador y acude a la granja del hermano de Suttungr, donde nueve hombres trabajan duramente. Odín se ofrece a afilar sus guadañas romas con una piedra de afilar especial. Una vez que las ha atendido, las guadañas están afiladísimas y cortan rápidamente el heno. Los granjeros preguntan si pueden comprar la piedra, y Odín accede, pero les advierte crípticamente que tendrán que pagar un alto precio. La lanza al aire. Los hombres se lanzan por ella y, en la refriega, se matan unos a otros con sus cuchillas recién afiladas.

Odín va entonces a la granja y le dice al hermano de Suttungr que sus hombres se han matado entre sí en una discusión. Le dice que se llama Bölverkr («trabajador de la desgracia») y se ofrece a hacer todo su trabajo a cambio de un sorbo de Óðrœrir. El granjero responde que no es suyo, pero accede a hablar con su hermano.

Tras trabajar en la granja, según lo acordado, Odín y el granjero se dirigen a Suttungr, pero el gigante no les permite acercarse a su hidromiel. Odín no tiene intención de rendirse. Tras hacer que su compañero taladre la roca de la montaña, se transforma en serpiente y se desliza por el agujero. Se abre paso serpenteando hasta la cámara donde la solitaria Gunnlöd custodia el preciado hidromiel.

Al principio se niega a darle a Odín nada de la bebida, pero después de que él le dice que dormirá con ella durante tres noches, ella accede a darle un pequeño trago de cada uno de los recipientes. Sin embargo, después de la tercera noche, los recipientes están vacíos, ya que cada uno de los sorbos de Odín los deja completamente vacíos. Siempre encantador, Odín se marcha, volando en forma de águila.

Suttungr, dándose cuenta de que le han robado, sale tras él a toda velocidad. Pero a medida que se acercan a Asgard, se ve obligado a abandonar su persecución. Los dioses, habiendo visto a Odín como un águila hacer su aproximación, disponen contenedores. Odín regurgita en ellos el hidromiel que ha tragado. Al hacerlo, algunas gotas de su pico caen sobre Midgard, y quienes son tocados por ellas se convierten en los poetas y eruditos del mundo humano.

Además de tener una obsesión por la sabiduría, Odín está igualmente fascinado por los encantamientos, hechizos y conocimientos menos mundanos. En el manuscrito anglosajón del siglo X, *Lacnunga*, Odín (como Woden) es mencionado dos veces en el Conjuro de las nueve hierbas, una antigua receta para un hechizo mágico utilizado para la curación y la protección. Además de su capacidad para cambiar de forma, aprende la brujería vanir *seidr* de Freyja y consulta con frecuencia a *völvas* y adivinos en busca de consejo.

En la parte final de la *Völuspá* (traducida a su vez como «Profecía de la bruja» o «Profecía de la sibila») de la *Edda poética*, una anciana vidente entrega a Odín, con renuencia, la profecía para el Ragnarök, el fin del mundo y el destino de todas las deidades del cosmos nórdico. Muchas de las acciones de Odín son a menudo intentos inútiles de retrasar lo que cree inevitable. Su acumulación de los *einherjar* («ejército de uno», las almas de los muertos en batalla) en el Valhalla, su diligente vigilancia sobre los nueve reinos y su inusitada benevolencia e infinita paciencia hacia Loki (aunque están unidos como hermanos de sangre) pueden considerarse esfuerzos por evitar el ineludible final conocido como Ragnarök.

Capítulo siete - El Valhalla y el más allá

Además de ser el dios de la sabiduría, la curación y la poesía, Odín era, sobre todo, el dios de la guerra y de los muertos o, al menos, el dios de los grandes guerreros muertos. Acogía a las almas de los vikingos muertos en combate —los muertos más gloriosos— en su magnífico salón, el Valhalla («Salón de los muertos»).

Las almas de estos dignísimos jefes guerreros y célebres soldados eran conocidas como los *einherjar* («ejército de uno»), y estaban destinadas a luchar junto a los æsir en la batalla final del Ragnarök.

Varios poemas de la *Edda poética* (incluidos *Völuspá* y *Grímnismál*) y de la *Edda prosaica* relatan cómo las *einherjar* son seleccionadas de entre los muertos en el campo de batalla por las valquirias, un ejército de guerreras armadas y con casco. Cabalgan (o más bien vuelan) sobre sus caballos por tierra y mar. En algunos relatos se las conoce como doncellas cisne porque se disfrazan de cisne para poder volar rápidamente.

En *Völundarkvida* de la *Edda poética*, tres hermanos que viven en Úlfdalir («valles del lobo») se fijan en tres mujeres que hilan lino a orillas de un lago. Al ver cerca sus prendas de cisne, los hombres se dan cuenta de que las damas deben de ser valquirias. Las llevan a sus casas y las tres parejas viven felices durante siete años, hasta que las valquirias vuelan a la batalla para no volver jamás.

En algunos mitos, se dice que las valquirias son hijas de Odín, pero en las Eddas son más a menudo princesas, hijas de reyes. En el poema *Helgakvida Hjörvardssonar*, un joven príncipe ve pasar a nueve valquirias a caballo. A una la describe como la «dama de rostro brillante». Es Sváva, la hija del rey Eylimi, y protege al joven príncipe en muchas batallas.

En el *Völuspá*, una vidente describe a seis valquirias: Skuld («destino»), que lleva un escudo; Skögul («agitadora»), Gunnr («guerra»), Hilda («batalla»), Göndul («portadora de varita») y Geirskögul («portadora de lanza»). En el *Grímnismál*, otras once valquirias son identificadas por su nombre. Se explica que Skuld es también una de las nornas y tiene un papel especial como valquiria, ya que «siempre cabalga para elegir a los muertos y decidir el resultado de la batalla»[i].

La historia del héroe nórdico Helgi Hundingsbane se relata en dos capítulos de la *Edda poética*. Helgi era hijo de Sigmundr y Borghildr de Brálund, cuya historia se incluye en la *Edda prosaica*. La noche en que nació Helgi, las nornas determinaron su destino y decidieron que sería un gran príncipe.

A la edad de quince años, Helgi se disfraza y se infiltra en la corte del rey sajón Hunding, enemigo de su pueblo, con un audaz plan para capturarlo y matarlo. Al poco tiempo, el rey empieza a sospechar de Helgi y este se ve obligado a escapar vestido de sirvienta y se esconde en un molino.

Poco después, Helgi aprovecha la oportunidad para matar al rey Hunding, lo que le vale su nombre, Helgi Hundingsbane. Los hijos del rey le exigen que, en lugar de vengarse, les pague el *weregild*, la multa de sangre que se cobra por el asesinato, pero Helgi se niega. En cambio, dirige a sus hombres a la batalla contra estos príncipes sajones.

Tras la batalla, en la que mata a todos los hijos del rey muerto, Helgi descansa bajo Arastein («acantilado del águila») mientras las valquirias aparecen en el campo de batalla con «rayos de relámpagos; con cascos en Himingvani; sus *byrnies* [armaduras] estaban empapadas de sangre, y los rayos brillaban desde sus lanzas»[ii]. Una de ellas, Sigrún, habla con

---

[i] La *Edda Poética*. Traducido por Carolyne Larrington. Snorri Sturluson. Oxford University Press, 2014.

[ii] La *Edda Poética*. Traducido por Carolyne Larrington. Snorri Sturluson. Oxford University Press, 2014.

Helgi mientras sigue montada en su caballo. Le cuenta cómo su padre la ha desposado con un príncipe particularmente despreciable y poco noble, uno de los hijos de Granmar, rey de los Hniflungos, al que considera indigno de ella.

Helgi reúne caballerosamente a sus hombres y zarpan hacia Frekastein para hacer la guerra a Granmar y sus ejércitos y salvar a Sigrún de su próximo matrimonio. Durante la travesía se produce una gran tormenta. La intervención de Sigrún ante Rán, la volátil diosa del mar, les salva la vida a todos.

A su llegada a Frekastein, los hombres de Helgi atacan a las fuerzas de Granmar. Mientras luchan, las valquirias llegan para ayudarlos a conseguir la victoria. Al terminar, las valquirias se marchan volando, dejando que Helgi y Sigrún se casen.

Tienen varios hijos, pero no viven felices para siempre. Uno de los hijos de Granmar, Dagr, sobrevivió, y está obligado por el honor vikingo a vengarse del responsable de la matanza de su padre y sus hermanos. Reza a Odín y, tras realizar los sacrificios y rituales apropiados, Odín entrega a Dagr su lanza, que utiliza para matar a Helgi.

Dagr intenta dar el pésame a Sigrún, pero ella se siente desconsolada y lo maldice, diciéndole que debería pasar el resto de su vida en el bosque, comiendo solo carne podrida por su crueldad. Luego, hace preparar una carreta para su amado. Sin embargo, su alma ya está en el Valhalla, donde parece bastante feliz, sobre todo porque tiene la suficiente influencia como para hacer que su viejo enemigo, Hunding, alimente a los cerdos y lave los pies de los *einherjars*.

Mientras tanto, Sigrún sigue suspirando por su marido. Cuando una sirvienta le dice que lo ha visto a él y a sus hombres cabalgando hacia su túmulo funerario, corre a verlo por sí misma. Allí encuentra a Helgi, pero está despeinado, con el pelo cubierto de escarcha, las manos mojadas y el cuerpo salpicado de sangre. Él le dice que esto se debe a que sus lágrimas de dolor siguen cayendo sobre él. Pasan la noche juntos en su túmulo, pero al día siguiente, Helgi regresa al Valhalla, dejando a Sigrún sola en su luto una vez más.

En la *Heimskringla* de Snorri Sturluson, la más conocida de las antiguas sagas de reyes nórdicos, se describen los rituales terrenales necesarios para preparar a un guerrero para el Valhalla. El cuerpo debía ser depositado en una pira funeraria con todas sus posesiones. A veces, incluso su esposa y sus sirvientes eran colocados en la pira para que estuvieran a su lado en el Valhalla. Después, las cenizas debían esparcirse por el suelo o esparcirse por el mar.

El Valhalla se describe como magnífico y palaciego. Cuando los hombres sean llamados a luchar en el Ragnarök, unos 800 guerreros marcharán por sus 540 puertas. La *Edda poética* describe el Valhalla como «levantándose pacíficamente» para los fatigados *einherjar* que se acercan a sus puertas. Frente a la entrada principal se alza un árbol con hojas de oro rojo llamado Glasir («resplandeciente»), y las puertas están custodiadas por lobos mientras las águilas sobrevuelan. La sala tiene «astas de lanza por vigas, está techada con escudos, las cotas de malla están esparcidas por las banquetas», y hay montones de las posesiones que han sido enterradas o incineradas con los guerreros para su largo viaje al más allá.

Según **el *Grímnismál***, el Valhalla se encuentra en Gladsheimr, y la sala de Thor, Bilskirnir, está contenida entre sus muros. En la *Edda poética*, una discusión entre Odín (disfrazado de barquero) y Thor incluye la revelación de que las almas de los esclavos muertos (los esclavizados o siervos) residen en loscampos de Thor, Thrúdvangar.

Más allá del Valhalla se encuentra el celestial Gimlé, indudablemente, un mundo habitado por elfos de luz angelicales. Se encuentra en Vidbláinn, una llanura celestial sobre Asgard. Las almas valientes que sobrevivan al Ragnarök serán bienvenidas allí.

Una vez que los *einherjar* lleguen al Valhalla, podrán disfrutar de la vida ideal de los vikingos. Habrá combates permanentes y perpetuos, así como épicos juegos de guerra, a menudo a muerte. Antes del gran festín que se celebra al final de cada día, se curan todas las heridas y los que habían sido asesinados ese día renacen o, al menos, vuelven a respirar.

No solo los *einherjar* muertos son devueltos a la vida. El desafortunado jabalí de Odín, Særimner, es sacrificado a diario para alimentar a este enorme ejército, solo para reaparecer y pasar por el mismo proceso al día siguiente. Es descuartizado por Andhrímnir, el cocinero de los dioses, y luego guisado a la perfección en Eldhrímnir («hervidor de fuego»), un gran caldero.

Los guerreros del festín también comparten copiosas cantidades de hidromiel que les proporciona la cabra de Odín, Heidrún. Come las hojas del árbol Læraðr en el Valhalla y es ordeñada para obtener este hidromiel mágico por la atareada Andhrímnir. Las valquirias la sirven después. Según la *Edda prosaica*, «aún hay otras cuyo deber es servir en el Valhalla. Llevan la bebida y la disponen en la mesa y a las copas de cerveza... estas mujeres se llaman valquirias»[i].

En la *Skáldskaparmál* de la *Edda prosaica*, Snorri presenta la imagen de un comedor lleno de atmósfera. No hay más iluminación que las relucientes espadas de los *einherjar*. Durante el festín, Odín no come nada de la carne. Da su parte a sus dos lobos, Geri y Freki, sus constantes compañeros. Sin embargo, participa del excelente hidromiel de Heidrún.

Aunque el Valhalla alberga a algunos de los guerreros más feroces y brutales, parece que existen ciertas expectativas en cuanto a la etiqueta. En *Skáldskaparmál*, el jotun Hrungnir («pendenciero»), en su caballo de crines doradas Gullfaxi, es derrotado en una carrera contra Odín en su caballo de ocho patas, Sleipnir. Cuando la carrera termina en el Valhalla, Hrungnir es invitado a entrar, en el típico espíritu vikingo de brindar hospitalidad. No tarda en embriagarse y propasarse, ofendiendo a los æsir reunidos. Cuando alardea de que devolverá el Valhalla a Jötunheim, estos se hartan de su grosera compañía y convocan a Thor para que se ocupe de él. Borracho como está, Hrungnir le recuerda astutamente que es un invitado de los æsir y que no se le puede hacer daño. Sin embargo, lo convence para que abandone el Valhalla y se entregue a un *flyting* (batalla de palabras). En algunas versiones de la historia, Thor lo mata con su martillo, Mjölnir, y se apodera del maravilloso caballo de Hrungnir.

La cacería salvaje, u Odensjakt («cabalgata de Odín»), en la que Odín, sobre su caballo Sleipnir, conduce a un gran séquito de valquirias, guerreros muertos fantasmales, elfos, lobos y halcones en una atronadora persecución a través de los profundos y oscuros bosques. Esta cacería ha sido relatada en la mitología del norte de Europa, aunque existen algunas variaciones de una región a otra. La mayor parte del folclore celta y germánico describe la cacería como un presagio de perdición para quienes tienen la desgracia de verla, pero en la mitología nórdica nunca se la ve, solo se la oye. Los sonidos fantasmales de una multitud agitada galopando a todo galope, los cascos tronando, el entrechocar de armaduras y armas, y los sabuesos de Odín aullando en la noche serían sin duda algo inquietante de oír.

---

[i] La *Edda prosaica - Cuentos de la mitología nórdica*. Traducido por Jesse Byock. Snorri Sturluson. Penguin Classics, 2005.

Antes de la llegada del cristianismo, se suponía que estos cazadores perseguían a un jabalí o a algún ser místico que había que rescatar o destruir. Después, los cazadores tenían una presa diferente y se decía que perseguían a los pecadores o cazaban a niños que no habían sido bautizados.

Los guerreros restantes que no son seleccionados por las valquirias para el Valhalla van a la otra vida de Freyja, Fólkvangr («campo del pueblo»), una pradera pacífica donde las almas cansadas pueden descansar. Tanto en la *Edda prosaica* como en la *Edda poética* se atestigua que Fólkvangr se encuentra dentro de la sala de Freyja, Sessrúmnir.

En el *Grímnismál*, Agnar aprende del Odín disfrazado que «Freyja decreta quién tendrá asientos en el salón; La mitad de los muertos cada día ella elige, Y la mitad lo hace Odín»[i]. Del mismo modo, en la *Edda prosaica*, «cada vez que ella cabalga a la batalla se queda con la mitad de sus muertos»[ii].

La diferencia entre las almas seleccionadas por las valquirias para el Valhalla y las llevadas al Fólkvangr de Freyja no está clara, pero dado que la profecía del Ragnarök llama a los *einherjar* a luchar junto con los dioses, su existencia en el Valhalla puede considerarse como un programa de entrenamiento divino para prepararlos para ese momento. Los que disfrutan de la hospitalidad de Freyja son, tal vez, las almas de los buenos y honorables que carecen de la ferocidad necesaria para esa última gran batalla.

En la antigua *Saga de Egill* islandesa, que data de 1240 e. c. y narra la historia familiar del vikingo Egill Skallagrímsson, una mujer llamada Thorgerd dice: «No he cenado, ni lo haré hasta que me reúna con Freyja... No quiero vivir después de que mi padre y mi hermano hayan muerto». Esto sugeriría que morirse de hambre se consideraba un fallecimiento suficientemente noble para el nivel inferior de los héroes muertos en la otra vida.

---

[i] La *Edda poética*. Traducido por Carolyne Larrington. Snorri Sturluson. Oxford University Press, 2014.

[ii] La *Edda prosaica - Cuentos de la mitología nórdica*. Traducido por Jesse Byock. Snorri Sturluson. Penguin Classics, 2005.

Freyja tiene otra posible conexión con el más allá para los nórdicos. Las almas de las mujeres solteras que mueren se convierten en asistentes de Gefjon, según la *Heimskringla* (una de las sagas de los reyes nórdicos antiguos, escrita por Snorri Sturluson). Aunque Gefjon es una diosa asociada a la agricultura en los mitos daneses, Gefjon era otro nombre de Freyja para los vikingos noruegos. Así pues, es posible que, permitiendo que sus nombres se confundan en la noche de los tiempos, sea Freyja quien los tome. Si ese fuera el caso, sus salones acogen a una multitud bastante más heterogénea que el Valhalla.

Para los que murieron en el mar (seguramente un riesgo laboral para los incursores vikingos), no hay pasaje al Valhalla. Se acepta ampliamente que el dios nórdico del mar Ægir es un jotun, aunque uno particularmente razonable y amistoso. Su esposa, Rán, se describe a veces como su hermana o una diosa vanir, pero ambos tienen caracteres y propósitos muy diferentes.

A Ægir se lo asocia con todos los beneficios del mar, como las aguas tranquilas y la pesca. También se lo celebra por su sabiduría. Rán es la peligrosa y cruel perpetradora de los mares tormentosos y los naufragios. Posee una gran red que lanza a las profundidades para atrapar a los desventurados marineros y luego los arrastra hasta su reino, donde permanecerán en su salón.

Las leyendas nórdicas también sugieren una posibilidad de reencarnación, especialmente a través de la ascendencia. En la *Saga de Hrómundar Gripsson,* Helgi Hundingsbane y su esposa, la valquiria Sigrún habrían sido Helgi Hjörvardsson y su amada Sváva en una vida anterior y Helgi Haddingjaskati y Kára en la siguiente. También existe la sugerencia de que algunos de los muertos no abandonaban sus túmulos o sepulturas, sino que permanecían allí, en cuerpo y alma, para velar por sus descendientes y sus hogares. En la saga islandesa *Eyrbyggja*, hay una historia sobre un pastor que comparte su visión de la montaña Helgafell abriéndose para recibir a un muerto (y adorador de Thor). Allí encuentra a su difunta familia festejando y se reúne felizmente con su padre muerto.

Por último, estaba el reino de Hel. Este no era exactamente el infierno del cristianismo. La *Edda prosaica* sugiere que todos los muertos —salvo los seleccionados para el Valhalla, Fólkvangr o la sala de Rán— entran en Helheim. Hay zonas agradables donde crecen las flores y se celebran banquetes. Baldr y Nanna aparecen en los asientos de honor en una de esas ocasiones en *Gylfaginning*. Los malvados no permanecen en Hel; vuelven a morir para precipitarse más lejos en los reinos espantosos de las entrañas del cosmos nórdico.

Capítulo ocho - Freyja, la diosa para todas las estaciones

Freyja («dama») suele considerarse la diosa nórdica arquetípica. Es bella, etérea y fuerte. Ella y su hermano (a veces su gemelo) Freyr nacieron de Nerthus, la diosa de la prosperidad y la paz. (Se creía que cuando ella estaba entre los humanos, no se producían conflictos ni batallas). Su padre era Njörd, un dios importante de los vanir que ayudaba a supervisar la navegación, la pesca y la prosperidad.

Freyja era la diosa del amor, la fertilidad, la magia, la guerra y la muerte. A veces se hace referencia a ella como una valquiria e incluso como su líder, siendo responsable de la mitad de los que murieron en la batalla. Posiblemente, estos hombres fueron considerados menos heroicos que los que se dirigieron al Valhalla porque no parecen desempeñar ningún papel en la batalla final del Ragnarök y viven una existencia pacífica bajo el cuidado de Freyja.

Existe escasa información sobre Freyja antes de su traslado de Vanaheimr a Asgard. Dado que hay tantas historias contradictorias sobre ella, es probable que se haya confundido con otras diosas, en particular con la esposa de Odín, Frigg, cuyo nombre no es demasiado distinto al de Freyja. Incluso el nombre del marido de Freyja, Ódr, puede confundirse fácilmente con Odín. Se ha señalado que la entidad «Frija» podría ser una combinación de Freyja y Frigg o incluso las dos entrelazadas en un solo ser. Gullveig, que posiblemente fue la causa o una víctima de la guerra æsir-vanir, y Gefjon, la diosa de la fertilidad asociada con el arado, también se han entrelazado con Freyja a lo largo de los años. Los monjes cristianos que grabaron los mitos en pergamino probablemente no estaban tan preocupados (o interesados) por las diosas. Dado que el nombre de Freyja es sinónimo de la palabra «dama», la confusión era desgraciadamente inevitable.

La *Saga Ynglinga,* una de las sagas de reyes de Snorri Sturluson, presenta a Freyja como una de las líderes de los vanir en la guerra æsir-vanir. Trabajó estrechamente con Odín para ayudar a supervisar el acuerdo de paz y se responsabilizó de la ofrenda de sacrificios. En la misma saga, Freyja se revela como una *völva*, una vidente dotada para la práctica mística del *seidr*, que ella introduce en Asgard. (En el *Lokasenna*, revela que Frigg también es una chamana dotada que conoce el destino de todo). Además, Freyja ha sido vista como una norna tejedora del destino, probablemente debido a sus dones como vidente, lo que resulta de algún modo apropiado, ya que su verdadera —u original— historia ha sido desentrañada en algún lugar entre las muchas hebras de la mitología, la leyenda y el folclore.

Al igual que Odín tiene su lanza y Thor su martillo, Freyja posee un maravilloso manto hecho de plumas de halcón que confiere a su portador la capacidad de volar o transformarse en halcón. Viaja en un carro tirado por dos gatos o linces negros o grises de los bosques de Noruega y suele ir acompañada de su cerdo de batalla, Hildisvíni. En el *Hyndluljód* de la *Edda poética,* uno de los fieles seguidores de Freyja (a veces presentado como su amante), Óttar, le construye un santuario y le ruega que lo ayude a descubrir su ascendencia después de haber hecho una apuesta de todo lo que posee sobre la calidad de sus antepasados. Freyja se le aparece y lo disfraza de Hildisvíni. La diosa cabalga a lomos de Óttar mientras viajan para ver a la hechicera jotun Hyndla. Freyja la obliga a contarle a Óttar lo que quiere saber y también a darle una pócima, *minnisöl* («copa de la memoria»), que asegurará que todo lo que se le ha contado no se olvide. Como desciende de varios grandes héroes, gana la apuesta y se convierte en un formidable rey sueco.

A pesar de ser posiblemente la más popular de las diosas nórdicas, Freyja exhibe algunos defectos graves. En *Lokasenna*, cuando Loki tiene su crisis y acusa a los æsir de sus muchas indiscreciones y su comportamiento decididamente impío, airea algunos trapos sucios sobre Freyja. Afirma que ella se ha acostado con todos los dioses y elfos presentes en la sala, cosa que ella niega. Freyja insiste en que él simplemente intenta desviar la atención de sus propias fechorías y mal comportamiento, y luego le dice que se vaya a casa a lamerse las heridas. Pero Loki no ha terminado. «¡Cállate, Freyja! Bruja asquerosa», replica y describe crudamente una ocasión en la que los dioses la sorprendieron a ella y a su hermano Freyr mientras disfrutaban de relaciones sexuales.

Freyja atesora su magnífico collar de oro y ámbar, el Brisingamen («antorcha resplandeciente»). En el relato de principios del siglo XIV *Sörla páttr*, escrito por dos eruditos cristianos deseosos de desacreditar a los dioses paganos y con la esperanza de acabar con las costumbres que se practicaban en su nombre, Freyja es una mortal y una de las amantes favoritas y avaras de Odín. Cuando oye hablar de un fabuloso collar (claramente Brisingamen, aunque esto no se dice) que ha sido creado por hábiles artesanos enanos, no puede evitar ir a verlo por sí misma. Cuando lo tiene ante sus ojos, tiene que tenerlo, sea cual sea el precio. Los cuatro enanos aceptan dárselo a cambio de que se acueste con cada uno de ellos.

Cuando Freyja se niega a decirle a Odín cómo consiguió su fabulosa joya, Loki se entera y se lo cuenta. Deciden robarle el collar. Loki, un cambiaformas, se convierte en pulga y salta a la cama de Freyja. Cuando la encuentra durmiendo sobre su collar, le muerde la mejilla y ella se da la vuelta. Loki lleva entonces el collar a Odín.

Cuando Freyja se da cuenta de que le han robado, apela a Odín. Él le dice que sabe exactamente cómo se lo había procurado y que solo se lo devolverá después de que ella acceda a obligar a dos grandes reyes a luchar entre sí en una guerra perpetua. Cada vez que uno muera, se levantará de nuevo para continuar la batalla. Estas encarnizadas hostilidades continuarán hasta que un salvador cristiano (concretamente, Olaf Tryggvason, rey de Noruega de 995 a 1000 e. c.) ponga fin a esta situación.

Es cierto que falta un mito sobre el robo de Brisingamen. En la *Edda prosaica*, hay una historia sobre cómo Heimdal y Loki luchan por el collar mientras están transformados en focas. A partir de entonces, se hace referencia a Loki como el ladrón de Brisingamen. Hay escenas de una batalla entre ambos (aunque no como focas) grabadas en las paredes de una antigua sala de hidromiel y descritas en el poema *Húsdrápa*, escrito por el poeta histórico del siglo X Úlfr Uggason. Brisingamen también aparece en el antiguo poema épico inglés *Beowulf*.

Esta visión de Freyja se ve contrarrestada por su devoción a su marido Ódr («frenesí» o «inspiración»). La pareja tuvo una relación difícil. Ódr, al que a veces se atribuye ser el dios del sol y del verano, es un personaje curioso. Es inquieto e intranquilo. Abandona a Freyja durante largos periodos, vagando y explorando tierras extranjeras (como Odín) y disfrutando de la compañía de otras mujeres.

Cuando se marcha la primera vez, Freyja se queda desconsolada. La tierra se vuelve fría y estéril, las plantas y las flores se marchitan y nada crece. Mientras llora, sus lágrimas caen sobre la tierra y se convierten en oro. Cuando ya no puede soportar estar sin él, sale en su busca. Disfrazada, viaja de un lugar a otro, dejando regalos y bendiciones a todos los que encuentra en su camino. No se atreve a revelarse por si Ódr se entera de que está cerca y huye hasta que, finalmente, lo encuentra una noche durmiendo bajo un árbol. Ella se acuesta silenciosamente a su lado. Cuando se despierta, está encantado de verla. Se ha cansado de sus viajes, pero temía no ser bien recibido tras su ausencia debido a su afición a las mujeres. Con la pareja reunida, el amargo invierno se derrite y el mundo se vuelve más templado. Las flores empiezan a florecer y los cultivos vuelven a crecer.

Con el tiempo, Ódr vuelve a inquietarse y se siente obligado a partir. De nuevo, el mundo se ve envuelto por la nieve invernal. Pero Freyja sabe que él le será leal y que volverá a casa. Cuando lo haga, también volverá el cálido sol del verano.

Freyja y Ódr comparten dos hijas, las hermosas Hnoss («joya») y Gersemi («tesoro»), que posiblemente sean la misma. En *Skáldskaparmál*, se hace referencia a Hnoss como la «niña gloriosa envuelta en oro» de Freyja y sobrina de Freyr. En *Gylfaginning*, parece que solo hay una hija: «Hnoss es el nombre de su hija. Es tan hermosa que a partir de su nombre todo lo que es bello y precioso se llama Hnossir»[i].

Freyja (y Frigg) ha sufrido probablemente más que la mayoría de las deidades nórdicas durante la cristianización. El nombre de Freyja, especialmente en las plantas y lugares que llevan su nombre, se sustituyó a menudo por el de la Virgen María, quizá inevitablemente, ya que Freyja se traduce como «señora». La flor silvestre serranilla *Polygala vulgaris*, que era conocida como el cabello de Freyja en Escandinavia, fue rebautizada posteriormente con el nombre de la Virgen María.

---

[i] La *Edda en prosa - Cuentos de la mitología nórdica*. Traducido por Jesse Byock. Snorri Sturluson. Penguin Classics, 2005.

Aunque la imagen confusa y vaga que se conserva da a Freyja una cualidad etérea y ajena al mundo que concuerda con la opinión mantenida por los vanir, los vikingos la veían bajo una luz muy diferente. La veneraban como diosa de la guerra y del amor terrenal, y creían que los rituales y sacrificios hacia ella eran una parte necesaria de la vida.

Capítulo nueve - Thor, dios del trueno

Thor («trueno»), el musculoso y poderoso guerrero barbudo, es sinónimo de la cultura vikinga. Ocupa un lugar especial en los mitos nórdicos como el guerrero intrépido, de temperamento ardiente y testarudo, y sirvió de inspiración a los hombres de Escandinavia en la época vikinga.

Como dios, era conocido por su benevolencia hacia la humanidad. A pesar de que su padre Odín era el padre de todos, Thor parecía haber sido adorado más que ningún otro dios nórdico, sobre todo en Islandia. Se han encontrado representaciones de su martillo, Mjölnir, talladas en un gran número de piedras rúnicas y artefactos vikingos. El papel de Thor es el de «defensor de Asgard y Midgard», según *Skáldskaparmal* en la *Edda prosaica*. En los mitos, considera a los jǫtnar como sus enemigos, a pesar de que su abuela paterna era la jotun Bestla y mantenía una relación con otra jotun, Járnsaxa, madre de su hijo Magni. Además de Thor, Magni es el único dios capaz de levantar el Mjölnir.

En las Eddas, Thor está casado con la diosa de la tierra Sif, conocida por su asombrosa cabellera dorada. Dondequiera que camina, crecen cosechas detrás de ella. En el *Gylfaginning* de la *Edda prosaica*, se revela que ella también tuvo un hijo de una relación anterior, el apuesto Ullr, que también es un poderoso guerrero. Ella y Thor comparten una hija llamada Thrúd («fuerza»), que probablemente sea una valquiria, ya que ese nombre figura entre ellas. Existe la creencia de que faltan mitos sobre Thrúd, sobre todo porque se hace referencia al jotun Hrungnir como el «ladrón de Thrúd», pero no queda ninguna historia que lo explique en ninguna de las fuentes.

Para los vikingos, Thor era la encarnación del trueno. Los sonidos retumbantes y estrepitosos eran su carro surcando el cielo, mientras que se decía que los rayos eran su relampagueante martillo cuando lo lanzaba lejos para derribar a los jǫtnar. Thor lleva unos grandes guanteletes de hierro llamados Járngreipr, que le ayudan a manejar el inmenso poder de Mjölnir, y su cinturón, Megingjörd, duplica su ya legendaria fuerza.

Thor conduce un carro tirado por dos cabras llamadas Tanngrisnir («triturador de dientes») y Tanngnjóstr («dientes finos»). En la *Edda prosaica*, se revela que estas cabras también sostienen al gran dios, ya que pueden ser sacrificadas cada día. Thor se come entonces su carne. Siempre que los huesos queden intactos, Thor puede resucitarlas al día siguiente utilizando los poderes místicos de su martillo, Mjölnir.

En un mito, Thor y Loki pasan la noche con unos campesinos y comparten con ellos la carne de cabra. Un niño, Thjalfi, rompe uno de los huesos de la pata para disfrutar del tuétano que hay en su interior. A la mañana siguiente, cuando las cabras vuelven a la vida, Thor se enfada al comprobar que una de ellas está coja. Cuando descubre el motivo, se lleva a Thjalfi y a su hermana, Röskva, para que le sirvan. (En algunas traducciones, se hace referencia a ellos como los hijos esclavos de Thor).

Thor observando la pata coja de una de sus cabras[6]

Los cuatro abandonan la pequeña parcela del campesino y se adentran en los bosques de Jötunheim. Al anochecer, fríos y cansados, encuentran una gran construcción vacía y duermen en su interior. A la mañana siguiente, descubren que en realidad es un guante del gigante jotun Skrymir, que no los ve. La noche siguiente, duermen en un claro cercano, pero Skrymir está durmiendo cerca, bajo un enorme roble. Sus ronquidos son tan fuertes que la tierra tiembla.

Thor, pensando que el gigante dormido es vulnerable, coge a Mjölnir y golpea la cabeza de Skrymir tres veces con todas sus fuerzas. Esto parece tener poco efecto, pero Skrymir despierta y, tras estirarse y abrir sus ojos somnolientos, se fija en Thor. El dios del trueno no tarda en pensar y pregunta al gigante su nombre.

Una vez que se han presentado, Skrymir les dice que cree que algunas bellotas y trozos de follaje deben haber caído durante la noche, ya que sintió que algo le caía sobre la cabeza. También advierte al grupo de que si se dirigen al castillo de Útgarda-Loki, deben modificar su actitud fanfarrona y arrogante.

Thor, Loki y los niños pronto se encuentran fuera del castillo de Útgarda-Loki, una estructura tan inmensa que tienen que estirar el cuello para ver toda su altura. La puerta está cerrada y Thor no puede hacer palanca para abrirla, por lo que se ven obligados a colarse innoblemente entre los barrotes. Se encuentran entonces en un gran salón con gigantes sentados en dos bancos. El gobernante del castillo, el mismísimo Útgarda-Loki, mira al grupo de reojo.

Les dice que para poder disfrutar de su hospitalidad, cada uno tiene que realizar una hazaña, a excepción de Röskva. Loki se ofrece rápidamente como voluntario para demostrar su famoso talento para comer. Le dan un enorme plato de comida y compite contra un gigante llamado Logi, que come mucho más rápido que el dios de las travesuras, dejando al dios embaucador derrotado.

Thjalfi declara que es un corredor rápido, así que se organiza una carrera entre él y un hombre diminuto llamado Hugi. Corren tres veces, y Hugi vence decididamente a Thjalfi en todas las ocasiones.

Finalmente, le llega el turno a Thor. Primero, intenta un concurso de beber. A pesar de beber tres colosales tragos, es derrotado contundentemente. Luego, en una prueba de fuerza, se ve incapaz de levantar a un gran gato gris, solo consiguiendo levantar una de sus patas con gran esfuerzo. Thor pierde los estribos y le exige que luche con uno de los gigantes de la sala. Ninguno de ellos quiere luchar, diciendo que Thor es claramente un adversario indigno. Útgarda-Loki llama a su nodriza, Elli, una anciana marchita, para que luche, y ella y Thor comienzan a forcejear. De nuevo, Thor se ve superado sin remedio y Elli lo derriba. Después, Útgarda-Loki, tan bueno como su palabra, les da habitaciones para pasar la noche después de que hayan comido.

A la mañana siguiente, el desmoralizado grupo es recibido por su anfitrión, que les pregunta cómo se sienten por las contiendas de la noche anterior. Thor le dice que no puede entender cómo ha podido fracasar tanto y teme por su reputación. Útgarda-Loki les revela que él y Skrymir son uno mismo y que no todo es lo que parecía. Los tres golpes que Thor había asestado en la cabeza del gigante mientras dormía eran tan poderosos que casi lo habían matado y habían creado grandes valles en el paisaje. En su contienda, Loki se había enfrentado a un fuego salvaje que devoraba rápidamente todo a su paso. Thjalfi había corrido contra el pensamiento, y Thor había bajado el nivel del mar con su bebida. El gato que había intentado levantar era en realidad la serpiente Jörmungandr. Cuando levantó su pata, en realidad la había elevado hacia el cielo. La anciana Elli era, de hecho, la vejez, algo que nadie puede vencer.

Tras decirles que en realidad eran unos oponentes formidables, Útgarda-Loki dice que espera que no vuelvan a encontrarse. El furioso Thor comienza a blandir su martillo, pero el gigante y el castillo desaparecen.

En otro mito, relatado tanto en la *Edda poética* (*Hymiskvida*) como en la *Edda prosaica* (*Gylfaginning*), el dios del mar Ægir y su esposa Rán planean un banquete para los æsir en su gran salón bajo las olas. Sin embargo, necesitan un caldero lo bastante grande para preparar hidromiel para todos sus invitados. El dios Tyr sabe que el jotun Hymir tiene el más grande, y Thor se ofrece voluntario para ir a Jötunheim con el fin de obtener este caldero.

Hymir no se alegra de ver a Thor, ya que el dios es amigo de Midgard. No obstante, se prepara para la estancia de Thor sacrificando tres toros. Para la primera noche, Thor ya se ha comido dos de ellos. Al día siguiente, Hymir, molesto por el ridículo apetito de su invitado, sugiere una excursión de pesca y envía a Thor a buscar cebo. Sin mucha gracia, Thor regresa con la cabeza del mayor de los toros que le quedan a Hymir. No obstante, los dos reman mar adentro. Hymir está encantado de pescar dos ballenas, pero Thor parece no inmutarse y empieza a remar la barca cada vez más lejos, adentrándose en aguas más profundas. Hymir protesta, recordando a Thor que son los dominios de la horrible serpiente Jörmungandr, pero Thor continúa hasta que finalmente echa el sedal. Pronto queda claro que Thor ha enganchado al monstruo. El agua del mar empieza a caer sobre ellos mientras se agita en el extremo del sedal de Thor, y el barco amenaza con desmoronarse.

Alarmado, Hymir grita a Thor, diciéndole que deje marchar a Jörmungandr, pero Thor, consciente de que su destino es luchar a muerte contra ella, se niega y se mantiene firme en la barca que se desintegra. Cuando la cabeza de la serpiente emerge del agua, Thor coge su martillo para acabar con ella. Justo cuando estaba a punto de golpear, el aterrorizado Hymir corta el cabo. Jörmungandr vive para luchar otro día. Thor se enfurece y, con un rugido, arroja a Hymir por la borda. Luego regresa a Asgard con el caldero del jotun y las dos ballenas colgadas del hombro.

En la *Edda poética* (*Hymiskvida*), la historia es similar, pero en el momento en que Thor atrapa a la serpiente, los volcanes entran en erupción y un gran terremoto hace que Thor pierda su agarre. Jörmungandr se desliza de nuevo al mar. Después, Hymir lleva a Thor de vuelta a su salón y lo reta a intentar romper su copa indestructible. Thor la rompe contra su cabeza y luego se marcha rápidamente con el caldero mientras es perseguido por gigantes.

En la profecía del Ragnarök, Thor luchará a muerte contra Jörmungandr y, en cierto modo, este mito despierta el apetito para este gran combate final.

Antes de ese terrible día, Thor vive una aventura particularmente estresante cuando le roban su amado martillo, Mjölnir. Al darse cuenta de que ha desaparecido, recurre a Loki, diciéndole que sospecha que uno de los jǫtnar lo ha robado. Loki toma prestada la capa de plumas de halcón de Freyja y sobrevuela Jötunheim hasta la sala de Thrym.

El jotun admite de buen grado haber robado el Mjölnir y le dice a Loki que los æsir no pueden esperar encontrarlo. Lo ha enterrado bajo tierra, pero lo devolverá si Freyja se convierte en su esposa.

Loki regresa y encuentra a Thor esperándolo. Cuando se entera de la demanda de Thrym, le dice a Freyja que debe prepararse para su boda. Como era de esperar, Freyja no quiere saber nada y deja que los æsir resuelvan el dilema por sí mismos. Sin Mjölnir, la ciudadela es mucho más vulnerable a los ataques de los jǫtnar merodeadores.

Finalmente, Heimdal sugiere un plan descabellado. Thor, cuya estatura es tal que el puente arcoíris de Bifröst no puede soportar su peso, debería vestirse como la encantadora y voluptuosa Freyja. Con un velo, Thrym y los jǫtnar se dejarán engañar. Thor es muy reacio a abrazar su feminidad, pero finalmente accede cuando se da cuenta de que es la única forma de reunirse con su martillo.

Una representación de principios del siglo XX de Thor vestido como Freyja[7]

Vestido para el matrimonio y luciendo el precioso collar Brisingamen, Thor se pone en camino con Loki a su lado, que va vestida como su sierva. Cuando Thrym ve que tendrá a su «novia», prepara un magnífico banquete nupcial digno de la gran diosa Freyja.

La comitiva nupcial se prepara para el banquete y la novia con velo bebe un océano de hidromiel y consume un buey entero antes de que su prometido haya empezado a comer. Después, «ella» devora ocho salmones de tamaño considerable, uno tras otro, sin pausa, antes de echar un vistazo a algunos de los demás manjares.

Antes de que Thrym sospeche demasiado del asombroso apetito de su novia, Loki le cuenta que Freyja estaba tan emocionada ante la perspectiva de casarse con él que había sido incapaz de comer durante más de una semana. Esto apacigua las dudas de Thrym durante un tiempo. El ágil Loki también es capaz de explicar la barba de Freyja y su voz airada y gruñona.

Audazmente, el jotun se inclina y levanta un poco el velo de su novia, revelando los ojos de Thor que arden como el fuego. Alarmado, se vuelve hacia Loki, quien le explica que Freyja tampoco ha podido dormir por la anticipación. Para entonces, la mayoría de los invitados a la boda jǫtnar están cada vez más inquietos.

Una de las hermanas de Thrym pide a la novia una prenda nupcial para sellar su amistad, pero la novia con velo permanece en silencio y no se mueve. Thrym, ansioso por complacer a Freyja, exige que Mjölnir sea llevado a la mesa para que ella pueda ver que es honorable.

Tan pronto como el martillo está al alcance de Thor, este se despoja de su velo y blande a Mjölnir, invocando todo su poder y fuerza. Con grandes truenos y relámpagos, Thor derriba a varios jǫtnar y destruye la sala, con el techo y las paredes en llamas, derrumbándose para aplastar a los invitados restantes mientras él y Loki parten en una nube de truenos.

Thor luchando contra gigantes[8]

Capítulo diez - Criaturas legendarias de los mitos nórdicos

Los reinos nórdicos están habitados por criaturas y entidades con las que es mucho más difícil identificarse que con los dioses, aunque siguen proporcionando asombro y fascinación. Algunas criaturas son «más bellas de mirar que el sol», como los Ljósálfar (elfos de luz) de Álfheim, mientras que otras inspiran miedo, repugnancia y horror[i].

Solo se conocen los detalles más escasos sobre los elfos de la luz, que están gobernados por Freyr. Regularmente en compañía de los vanir y los æsir, parecen ser bienvenidos entre los dioses y diosas. Hay elfos que disfrutan del festín de Ægir y luego contemplan atónitos, presumiblemente, el vicioso y malhablado parloteo de Loki en *Lokasenna*, en la *Edda poética*. Algunas historias posteriores basadas en los mitos sugieren que Freyr y Freyja son elfos y que Vanaheimr y Álfheim se han convertido en una misma cosa.

También existe la sugerencia de que los elfos de la luz son equivalentes a los ángeles. En la *Edda prosaica*, se revela que existen otros reinos más allá de los nueve, pero son tan remotos y abstractos que apenas son conocidos por los seres más sabios del cosmos nórdico (conocido). Uno es Andlàngr, que alberga las almas de los muertos tras el Ragnarök y está «al sur y por encima de este cielo nuestro». Por

---

[i] La *Edda prosaica - Cuentos de la mitología nórdica*. Traducido por Jesse Byock. Snorri Sturluson. Penguin Classics, 2005.

encima de este reino está Gimlé, y por encima de este Vidbláinn. El personaje Alto admite: «Creemos que solo los elfos de luz habitan estos lugares por el momento»[i].

Volündr, el maestro herrero casado con la valquiria Hervör, es identificado como un elfo, pero sus acciones son un tanto vengativas y espeluznantes para un ser tan etéreo y virtuoso, incluso teniendo en cuenta las provocaciones que soportó. En la *Edda poética*, en *Völundarkvitha*, se revela que ha sido capturado por el rey Nithuth, quien le corta los tendones para impedir que escape antes de ponerlo a trabajar en la isla de Sævarstod, donde fabricará baratijas preciosas. La historia se vuelve entonces cada vez más oscura. Cuando los hijos del rey visitan su taller, el duende no tarda en matarlos. «El mal estaba abierto cuando entraron; les cortó la cabeza y les escondió los pies»[ii]. Luego hace cálices con sus cráneos para su padre, joyas con sus ojos para su madre y broches con sus dientes para la hija del rey. Después viola a la hija del rey y la deja embarazada de un hijo, Vidga (personaje de varias baladas escandinavas). Volündr vuela al palacio real con unas alas mecánicas de oro que él mismo ha fabricado (en algunos de los mitos, utiliza el manto de cisne de su esposa, la valquiria) para contarle al miserable rey Nithuth lo que ha estado tramando. Este mito, que tiene diversas variantes, se conoce como Wayland el Herrero en inglés antiguo y también aparece en los cuentos populares tradicionales del alemán antiguo, el frisio antiguo y el francés antiguo.

Los primos de los elfos de la luz, los Dökkálfar, están representados en varios mitos de las Eddas, así como en sagas y folclor. A muchos de ellos se los menciona por su nombre.

Skáldskaparmál en la *Edda prosaica* habla de cómo se crea el Mjölnir. El dios de las travesuras, Loki, encuentra a la esposa de Thor, Sif, durmiendo y piensa que será una gran broma cortarle y robarle su maravillosa cabellera dorada. Cuando Thor regresa y encuentra a Sif llorando con la cabeza rapada, se enfurece. Cuando alcanza a Loki, lo agarra por el cuello y lo zarandea como a una rata.

---

[i] La *Edda prosaica - Cuentos de la mitología nórdica*. Traducido por Jesse Byock. Snorri Sturluson. Penguin Classics, 2005.

[ii] La *Edda poética*. Traducido por Carolyne Larrington. Snorri Sturluson. Oxford University Press, 2014.

Pidiendo clemencia, Loki dice que conseguirá que los enanos le hagan a Sif una corona de hermosos cabellos. Será incluso mejor que los mechones que él le había quitado. En contra de su buen juicio, Thor hace que Loki lo jure y lo libera. Thor ama a su esposa y no puede soportar verla tan afligida.

Loki va a Svartálfheim y le pide a uno de los artesanos enanos que le haga a Sif una corona de pelo dorado que se adherirá mágicamente a su cabeza y crecerá como el pelo natural. Le promete cualquier cosa que el enano le pida a cambio.

El enano y sus compañeros están encantados de tener la oportunidad de impresionar a los dioses. Afirman que le proporcionarán la hermosa cabellera y dos regalos más: una lanza que nunca fallará su objetivo y un barco que siempre encontrará una brisa favorable y que puede plegarse para que quepa en el bolsillo de su dueño. Encantado, Loki lleva estos tesoros a Asgard e insiste en que estos enanos no pueden ser igualados por su artesanía a cualquiera que le escuche.

Un enano llamado Brokkr oye los alardes de Loki y cree que su hermano, Sindre, puede fabricar objetos aún mejores y se lo dice. Cuando habla, Loki le dice airadamente que si puede hacer tres mejores tesoros, ¡puede quedarse con su cabeza!

Sindre comienza a trabajar en una piel de cerdo que echa en su horno. Brokkr trabaja el fuelle para crear el intenso calor necesario para los encantamientos especiales. Mientras trabaja, un tábano pica el brazo de Brokkr, pero el enano sigue soplando con decisión. Entonces, Sindre arroja un anillo de oro al fuego. Cuando Brokkr se pone a trabajar de nuevo con el fuelle, el tábano regresa y le pica el cuello con fuerza. Aun así, el enano no hace caso y continúa su trabajo.

Finalmente, Sindre pone un hierro en el fuego y Brokkr vuelve a coger el fuelle con determinación. Esta vez, el tábano (que a menudo se cree que es Loki disfrazado) le muerde entre los ojos. Esta picadura es tan fuerte que Brokkr no puede ver lo que está haciendo. Deja de trabajar un momento para apartar al bicho con la mano.

Con el trabajo hecho, Brokkr lleva sus tesoros a Asgard, donde Thor, Odín y Freyr han acordado juzgar el concurso. Primero, Loki le da a Sif su corona de pelo. Ella está encantada de que su belleza haya regresado. A continuación, entrega a Odín la lanza y a Freyr el barco.

Brokkr regala a Freyr un jabalí dorado que es tan rápido como cualquier caballo. Sus cerdas brillan tanto que pueden hacer que una noche oscura sea tan clara como el día. Luego le da a Odín un brazalete de oro que se multiplicará en nueve cada novena noche. Cada nuevo brazalete será tan grande y pesado como el primero. Finalmente, le da a Thor el martillo Mjölnir y le dice que nunca fallará. No importa lo lejos que lance el martillo, siempre volverá a él. Su único defecto es que su mango es corto, debido a un descuido momentáneo al accionar el fuelle. Una vez que Thor ha probado el martillo, los dioses acuerdan que Brokkr y Sindre han ganado la contienda.

Loki intenta escapar, pero Thor lo trae de vuelta. Brokkr exige su premio: La cabeza de Loki. Finalmente, Loki acepta que tendrá que acceder, pero, con un destello de genialidad, dice que no permitirá que Brokkr le toque el cuello (una historia que recuerda al trato de Shylock en *El mercader de Venecia*, de Shakespeare). Brokkr no estaba del todo derrotado. Cogió un punzón y cosió con fuerza los labios fanfarrones de Loki.

Brokkr y Sindre son personajes mucho más razonables y simpáticos que muchos de los enanos de la mitología nórdica. Fáfnir era hijo de Hreidmar, otro enano, y tenía dos hermanos llamados Ótr y Regin. Un día, Odín, Loki y el dios Hœnir se encontraban en la cascada de Andvari, que era un enano increíblemente rico que podía convertirse en una pica a voluntad.

Cuando Loki divisó una nutria, la mató por su piel, sin darse cuenta de que era el enano metamorfo Ótr. Al continuar, los dioses se encontraron con la morada de Hreidmar. Tenían intención de dormir allí, pero en cuanto su anfitrión vio la piel de nutria de Loki, exigió airadamente el precio en sangre de su hijo (*weregild*).

Loki y Odín volvieron a la cascada para encontrar el tesoro de Andvari bajo el agua. Mientras sacaban su místico anillo buscador de oro y su yelmo del terror, Andvari observó, lleno de resentimiento, cómo se veía incapaz de impedir que los dioses se apoderasen de su riqueza. Lo único que podía hacer era maldecir el tesoro, prometiendo la desgracia a cualquiera que lo poseyera.

El tesoro es entregado a Hreidmar, y los dioses continúan su camino. Sin embargo, Fáfnir se ve repentinamente presa de la avaricia. Mata a su padre y, para impedir que su hermano con vida reciba su parte, se lleva el tesoro de Andvari a una cueva del bosque y permanece allí, guardándolo celosamente.

A medida que su tesoro crece, gracias al anillo encantado, la maldad de Fáfnir le atrapa. Poco a poco se transforma en un terrible dragón.

Regin, el hijo que le queda a Hreidmar, quiere vengar a su padre. Fabrica una espada mágica y se la da a Sigurd, el legendario héroe nórdico, que acepta emprender la búsqueda para matar al dragón.

Sigurd encuentra la cueva de Fáfnir y averigua dónde va a beber. Cava allí una zanja y el dragón no tarda en caer en ella. Sigurd le abre el vientre con su espada. Mientras muere, Fáfnir advierte a Sigurd sobre la maldición.

Regin pide a Sigurd que extraiga el corazón del dragón y lo ase al fuego. Mientras se ocupa de las llamas, se quema un dedo. Cuando se lleva el dedo herido a la boca, ingiere parte de la sangre del dragón. Inmediatamente, recibe un don increíble: puede entender el lenguaje de los animales. Mientras Sigurd escucha el parloteo de los pájaros, se entera de que el traicionero Regin planea matarlo para poder hacerse con el tesoro. Sigurd coge su espada y mata a Regin mientras duerme y luego se come el corazón de Fáfnir y se bebe la sangre del otro enano por si acaso. Luego, habiendo acumulado mayor sabiduría y comprensión, se marcha con el tesoro de Andvari.

En el *Skáldskaparmál* de la *Edda prosaica,* que Snorri Sturluson basó en el poema eslavo del siglo X, *Haustlöng,* Thor acepta batirse en duelo con el jotun de cabeza de piedra (y corazón de piedra) Hrungnir. Los jǫtnar son conscientes de la destreza de Thor en la batalla, por lo que se sienten inquietos ante la perspectiva de este combate. La derrota de Hrungnir significaría una deshonra para ellos.

Los jǫtnar deciden dragar el río en Grjotunagarder. Utilizaron la arcilla del lecho del río para construir un enorme gigante. Este gigante es tan grande que su cabeza queda parcialmente oculta por las nubes. Los jǫtnar dan a su creación un corazón de yegua y, cuando cobra vida lentamente, le dan el nombre de Becerro de la niebla (o Mökkurkálfi).

Thor y su sirviente Thjalfi llegan para el combate. Thjalfi engaña a Hrungnir haciéndole creer que Thor viene hacia él desde debajo de la tierra. Hrungnir, armado con una piedra de afilar, se ve entonces sorprendido por el martillo de Thor, Mjölnir, que vuela hacia él. Rápidamente, lanza su piedra, pero cuando las armas hacen contacto en el aire, el martillo rompe la piedra en pequeños fragmentos que vuelan en todas direcciones. Los trozos que caen sobre Midgard forman canteras de piedra de afilar.

Mjölnir sigue volando hacia Hrungnir y golpea su cabeza de piedra, aplastándola. Mientras cae muerto, Thor queda atrapado bajo una de las enormes patas del gigante. Aunque Thor está atrapado, Thjalfi ataca las piernas del gigante con su hacha hasta que el gigante de arcilla se derrumba, sacudiendo el suelo al caer.

Finalmente, el hijo de Thor, Magni, levanta la pierna de Hrungnir, liberando a Thor. Sin embargo, Thor se queda con un fragmento de la piedra de afilar clavado profundamente en la cabeza, lo que le causa mucho dolor de vez en cuando.

Otras criaturas mitológicas que pueden haber sido muy conocidas por los vikingos incluyen a Selkolla, una encantadora joven con cabeza de foca. Sin embargo, el primer relato conocido de este extraño ser se encuentra en la *Saga de Gudmundar*, que narra la vida del obispo Gudmundur Arason (1161-1237). Es decir, más de un siglo después de que la época vikinga llegara a su fin. Del mismo modo, el Fossegrimen, una especie de espíritu del agua, y las huldras, sirenas del bosque que atraen a los jóvenes hacia el peligro con sus bellas voces o su música de arpa, se consideran parte del folclore nórdico, pero no se cree que fueran populares durante la época vikinga.

Capítulo once - Loki, el dios embaucador, y el principio del fin

El más complejo y contradictorio de los dioses nórdicos —si es que es, de hecho, un dios— es Loki. A diferencia de las demás deidades, no tiene un área de responsabilidad clara y no se conoce ninguna sala en la que resida en Asgard, Vanaheim o Jötunheim. Es un errante sin morada fija.

No se conocen cultos ni adoradores de Loki entre las culturas vikinga o nórdica primitiva. Existe la posibilidad de que Loki evolucionara a lo largo de los tiempos y que en realidad derive de dos entidades: el embaucador Loki de las Eddas y un «espíritu doméstico», o *vættr,* que vivía bajo la chimenea y ayudaba en las labores agrícolas para aportar riqueza a la granja. Se cree que esta es la raíz de la antigua asociación de Loki con el fuego, algo a lo que no se alude en absoluto en las Eddas.

Para aumentar la confusión, el personaje tradicional de los cuentos populares noruegos Askeladden, «chico de las cenizas», está estrechamente relacionado con Loki. Ciertamente, comparten una inteligencia y un coraje similares, pero Askeladden es generalmente un niño abandonado, obligado a dormir en las cenizas de la chimenea, pero que llega a alcanzar grandeza, riqueza y estatus (muy en la línea de la historia de Cenicienta de la pobreza a la riqueza). Es difícil ver mucho de la visión moderna de Loki en la historia de Askeladden.

Loki desempeña un papel en casi todos los mitos vikingos. Con frecuencia se lo presenta como el solucionador de problemas de los æsir. A menudo, pero no siempre, llega para aliviar situaciones en las que ha tenido algo que ver. Sin embargo, es mucho más que eso. Loki es un bufón metamorfo, un embaucador, un amigo necesitado, un conveniente chivo expiatorio y, a medida que las historias se acercan a su fin, un auténtico demonio. Pero antes de las Eddas, hay pocas pruebas de que Loki existiera, aparte de unas cuantas piedras rúnicas que datan de entre los años 700 y 1000 de nuestra era y que parecen representar escenas de mitos en los que Loki es un personaje central.

Según el *Gylfaginning* de la *Edda prosaica*, el padre de Loki era el jotun Fárbauti («golpeador cruel»), y su madre, la diosa æsir Laufey («hojas» o «follaje»), también conocida como Nál. Tiene dos hermanos, Byleistr y Helblindi. Aparte de sus nombres, poco se sabe de la familia de Loki.

Desde una edad temprana, Loki se alineó con la raza de su madre (esto queda claro por su nombre de pila, Loki Laufeyson). En el *Lokasenna*, revela que él y Odín, que eran ambos mitad jotun, en algún momento se convirtieron en hermanos de sangre: «Recuerda, Odín, que en los viejos tiempos nuestra sangre se mezcló». Los dos viajan juntos a menudo y parecen disfrutar de su mutua compañía.

Aunque a menudo se argumenta que todos los dioses nórdicos tienen caracteres defectuosos y se entregan a acciones decididamente poco caballerosas y mezquinas, Loki resulta algo distinto. En los mitos, se lo retrata como escurridizo, astuto, intrigante, cobarde y temerario. La mayoría de sus maquinaciones se quedan en nada y rara vez acaba con ventaja a pesar de todas sus astutas artimañas.

En una historia que ilustra bien su papel en los mitos, Loki, Odín y Hœnir (uno de los dioses æsir intercambiado por Freyja, Freyr y Njörd para resolver la guerra æsir-vanir) viajan por una zona remota y montañosa. Están hambrientos y lejos de casa cuando se cruzan con una manada de bueyes. El grupo decide matar a uno de ellos para comérselo. Pero por mucho que lo intentan, la carne permanece cruda. Los dioses no pueden entender cómo puede ser esto hasta que una gran águila posada en un árbol cercano comienza a hablarles. Les revela que ha encantado la carne. Si le prometen darle una parte, liberará al buey de su hechizo. Los dioses acceden, pero una vez que la cena está lista, el águila baja volando y se da un festín con los mejores trozos de la carne. Molesto, Loki coge un gran palo y golpea al águila, pero el ave gigante atrapa el palo entre sus garras y se aleja volando con Loki aún aferrado a él.

Loki grita al águila, exigiendo que le permita bajarse. El gran pájaro se revela como Thjazi, el hechicero jotun, y hace jurar a Loki que le traerá a la diosa Idunn y sus manzanas de oro antes de dejarlo ir.

Después de que los tres dioses hayan regresado a Asgard, Loki, consciente del juramento que había hecho a Thjazi, visita a Idunn y le cuenta que ha descubierto manzanas aún más espléndidas que las suyas en un bosque fuera de los muros fortificados de Asgard. Curiosa, Idunn va con él para compararlas con las suyas, pero Thjazi, en su disfraz de águila, la está esperando y huye con ella.

Sin Idunn y sus maravillosos frutos, los dioses y diosas pronto empiezan a envejecer. Encanecidos, arrugados y cada vez más enfermos, se reúnen para averiguar adónde ha ido. Una vez que han comprobado que fue vista por última vez saliendo de Asgard con Loki, lo apresan y le exigen que la devuelva de inmediato o será asesinado.

Freyja le presta su capa mágica de plumas de halcón, que le permite transformarse en ave rapaz. Loki vuela hacia Thrymheim («hogar del trueno»), el gran salón de Thjazi en Jötunheim. Cuando Loki llega, Idunn está sola, ya que su raptor ha salido a pescar. Rápidamente, Loki la convierte en una nuez y se la lleva como un halcón. Sin embargo, Thjazi no tarda en darle caza cuando regresa y descubre que Idunn ha desaparecido. Loki llega sano y salvo a Asgard y devuelve Idunn y sus manzanas a los dioses. A continuación, organiza la construcción de un gran fuego en el vasto patio del reino. Sus llamas prenden fuego a las plumas de águila de Thjazi. Cuando Thjazi cae al suelo, los dioses lo rodean y muere.

Las payasadas de Loki proporcionan a menudo un elemento de comedia. A pesar de su propensión a engañar y maquinar, rara vez es el benefactor. En la mayoría de los casos, es llamado por los dioses para corregir un error o aliviar una situación que no es necesariamente de su propia cosecha.

En un vago pasaje de la *Völuspá* de la *Edda poética*, los rasgos más oscuros de Loki se explican porque se comió parte de un corazón medio cocido (a veces se dice que era el de la diosa vanir Gullveig en el momento de su tortura a manos de los æsir). Este corazón contenía el alma de una «mujer malvada» y el resultado fue que dio a luz a tres monstruos: la diosa Hel, el lobo Fenrir y la horrible serpiente Jörmungandr. En otras historias, estos niños nacieron de una relación con la jotun Angrboda («presentimiento»), conocida como la «bruja de los bosques». Loki también formó una familia con su devota esposa Sigyn («dadora de victorias») y tuvo uno (o dos) hijos con ella, Váli y/o Narfi.

En el mito de Baldr y Höðr, los hijos de Odín y Frigg, podemos ver la evolución del señor de las travesuras. Pasa de ser un dios siempre dispuesto a ayudar a los dioses cuando se lo requiere con sus ideas tramposas y poco convencionales y su rápido ingenio a convertirse en un personaje realmente desagradable, siniestro y vicioso.

Baldr, hijo de Odín y Frigg, era el dios de la luz, la alegría y el verano. Era querido por todos, no solo por su belleza y bondad, sino también por su sabiduría, en particular por su talento para el arbitraje. Resolvió muchas discusiones y disputas en Asgard y Midgard.

Una noche, Baldr y su madre sueñan la misma visión que predice su muerte. Cuando Frigg se lo cuenta a Odín, este se apresura a ir a Hel para averiguar si se trata de una profecía. Allí encuentra a una völva muerta a la que resucita. Aunque está decididamente malhumorada por ser despertada de su último descanso, Odín le pide que utilice sus dones para ver el futuro. Ella le dice que Baldr morirá y que todo Asgard lo llorará.

Cuando Odín le cuenta a Frigg lo que ha aprendido, ella está decidida a que su glorioso hijo no muera. Hace que todo jure no hacerle daño; «fuego y agua... así como hierro y metal de todo tipo, piedras, tierra, árboles, enfermedades, bestias, pájaros, veneno, serpientes»[1]. Baldr estaba a salvo, o eso creían todos. Como están tan seguros, se convierte en un juego habitual arrojarle lanzas y armas. Se sienten seguros sabiendo que saldrá ileso.

Sin embargo, Loki se siente irritado por la inmunidad de Baldr al daño. Se transforma en una anciana y le pregunta a Frigg si es cierto que realmente convenció a todas las cosas para que hicieran su juramento. Ella reconoce que no se molestó con el humilde muérdago, ya que era muy joven.

El dios de las travesuras se escabulle en busca de una ramita y la convierte en dardo. Cuando encuentra a los dioses haciendo su deporte habitual y a Baldr disfrutando de la diversión, le da el muérdago al

---

[1] *La Edda prosaica - Cuentos de la mitología nórdica.* Traducido por Jesse Byock. Snorri Sturluson. Penguin Classics, 2005.

hermano de Baldr, el ciego Höðr, y lo anima a unirse. Loki incluso guía su brazo para que el dardo encuentre su objetivo. Höðr hiere mortalmente al pobre Baldr. Mientras agoniza, Odín susurra al oído de su hijo. Estas palabras, aunque importantes, se han perdido, pero el acto en sí se menciona en las Eddas (como en *Gylfaginning* de la *Edda prosaica*). Generalmente, se presume que Odín le dijo a Baldr que sobreviviría al Ragnarök.

La muerte de Baldr[9]

Frigg, casi loca de dolor, pide que alguien vaya a rogar a Hel que libere a su hijo. Hermod, hermano de Baldr, toma el caballo de Odín, Sleipnir, para emprender el largo viaje a Helheim. Allí encuentra a Baldr, solitario y desdichado, y suplica a Hel que lo libere como le había prometido a Frigg. Le dice que Baldr es el más amado de todos los dioses y que todo está de luto por su pérdida. Hel accede a liberarlo con la condición de que antes todo llore por él.

Todo llora: dioses, humanos, animales, plantas e incluso piedras gritan de dolor. Todo eso excepto una vieja giganta llamada Thökk, que es Loki disfrazado. Esta giganta se limita a sentarse en su cueva y se niega a llorar. Devastados, los æsir se ven obligados a aceptar que Baldr está perdido para ellos. Su cuerpo y el de Nanna, su esposa, son depositados en su barco, *Hringhorni*, que luego es incendiado en el mar. Este rito se asocia comúnmente con la tradición vikinga, pero es probable que no se celebrara, al menos no en la escala que la mayoría de la gente supone.

Odín quiere castigar al asesino de su hijo muerto. Tiene dos hijos con la giganta Rindr. En un relato especialmente desagradable de la *Gesta Danorum*, escrita por Saxo Grammaticus en el siglo XIII, Odín la vuelve loca y luego la viola. Sus hijos, Vidar, el dios silencioso de la venganza, y Váli, el dios de la venganza, alcanzan la madurez en un día. Váli mata a su hermanastro, el ciego Höðr, tal y como había nacido para hacer.

Según *Lokasenna* («Los sarcasmos de Loki») en la *Edda poética*, Loki se vuelve infinitamente más malévolo y desagradable tras la muerte de Baldr. Mientras los dioses se reúnen en la isla de Hlesey en el salón de Ægir, el hospitalario dios del mar, Loki toma a uno de los sirvientes de su anfitrión y lo mata. Indignados, los dioses expulsan a Loki. Tras lamerse las heridas en el bosque, irrumpe de nuevo en el salón donde los dioses y diosas han reanudado su festín.

Los dioses reunidos están consternados, pero Odín insiste en que se permita a Loki sentarse. Le advierte al dios embaucador que se comporte. Sin embargo, Loki no está dispuesto a ello. Acusa al dios Bragi de ser un cobarde y a su esposa, Idunn, que intenta evitar que reaccione, de ser una libertina y de acostarse con el asesino de su hermano.

Loki se vuelve entonces contra Odín. Se burla del interés de Odín por *seidr* por considerarlo poco viril y lo compara con una bruja. Odín señala secamente que no es él quien ha tenido varios hijos. Frigg intenta calmar la situación sugiriendo que deberían olvidar el pasado y seguir adelante. Loki tiene otras ideas y la acusa de ser una ramera y de acostarse con los hermanos de Odín mientras este no estaba.

Finalmente, Loki comete el error fatal de revelar que estuvo detrás de la muerte de Baldr. Freyja, furiosa, le dice que Frigg ya lo sabe, aunque no lo haya dicho, ante lo cual Loki la acusa de haberse acostado con todos los dioses y elfos de la sala. Cuando ella le dice que miente y le advierte que lamentará sus palabras, él la acusa de acostarse con su hermano.

Njörd, el padre de Freyja, no mejora las cosas. Tras proponer que en realidad no importa quién se acuesta con quién, casado o no, intercambia insultos con Loki. El dios de las travesuras hace más afirmaciones sobre relaciones incestuosas entre las deidades vanir, que no son desmentidas. En este punto, el dios Tyr señala que el dios vanir Freyr es «el más noble de todos los dioses valientes», pero Loki lo acorrala y le recuerda que perdió su mano a manos de Fenrir, el hijo de Loki.

Freyr habla en nombre de Tyr y es insultado. A continuación, Loki se ensaña con el sirviente de Freyr, luego con Heimdal y después con Skadi, que le dice: «No estarás suelto, girando la cola, mucho más tiempo. Los dioses te atarán a un peñasco con las tripas arrancadas de tu hijo helado». Loki le responde que él dirigió la partida que capturó y mató a su padre, el jotun Thjazi.

Sif, la esposa de Thor, intenta calmar la situación, declarando que ella está «totalmente libre de culpa», pero Loki replica que ha disfrutado de una noche con ella. Volviéndose hacia los otros sirvientes de Freyr, hace algunos comentarios particularmente viles y xenófobos cuando Thor entra, furioso, habiendo oído algo de lo que Loki había dicho.

Thor amenaza a Loki, quien, a su vez, lo llama «hijo de la tierra», Loki le recuerda algunas de sus escapadas más embarazosas (concretamente sus fracasos en la sala del jotun Útgarda-Loki) y le recuerda burlonamente la profecía y el fin de los æsir. Loki termina diciendo ominosamente a los dioses y diosas que este será su último festín y luego se marcha, dejándolos (presumiblemente) conmocionados y consternados.

Loki es consciente de que ha ido demasiado lejos, pero no hay vuelta atrás, entre otras cosas porque ha revelado públicamente que fue el responsable de la muerte de Baldr. Huye a una zona remota en los confines de Asgard, donde se construye una cabaña oculta con varias puertas desde la que puede vigilar y escapar fácilmente si sus enemigos se acercan.

Paranoico, ansioso y preocupado por que los æsir lo alcancen, Loki sale a menudo de su casa en forma de salmón. Salta a las aguas hirvientes de las cataratas de Franang, pero, aun así, no se siente seguro y regresa a su cabaña.

Al día siguiente, mientras Loki está sentado junto a su fuego, inquieto y preguntándose qué hacer, anuda ansiosamente algunos trozos de cordel y pronto los dispone de tal manera que descubre que ha construido inadvertidamente una fina red.

Al mismo tiempo, Odín ha encontrado a Loki desde su trono, Hlidskjalf, en lo alto de Asgard. Un grupo de dioses se dispone a capturarlo. Cuando se acercan, Loki los oye. Arroja su red al fuego y corre hacia las cataratas de Franang, donde vuelve a convertirse en salmón.

El grupo de dioses entra en la cabaña de Loki y la encuentra vacía. Pero cuando observan las cenizas de la red que Loki había fabricado y se dan cuenta de que se trata de algún artilugio para capturar peces, se sientan en la cabaña y la recrean minuciosamente. Una vez terminada, la llevan a las cataratas donde Loki, en forma de salmón, se esconde. Thor lanza la red al agua. Loki consigue evitar ser capturado durante los dos primeros intentos, pero en el tercero, queda atrapado en la red. Intenta escapar de un salto, pero Thor lo agarra y lo sujeta con fuerza. Esta vez no hay escapatoria.

Algunos de los dioses llevan a Loki a una cueva oscura, mientras que los otros van tras los hijos de Loki, Váli y Narfi. Convierten a Váli en lobo, e inmediatamente se vuelve contra su hermano y lo despedaza antes de girar la cola y alejarse corriendo en dirección de Jötunheim. Los dioses extraen las entrañas del pobre Narfi y las llevan a la cueva donde yace Loki, que ya no es un pez. Se niega a mirar a ninguno de ellos e incluso a hablar. Entonces, los dioses obtienen su venganza. Lo atan a una gran losa de piedra con las entrañas de Narfi que se vuelven tan duras como el hierro una vez inmovilizado. La esposa de Loki, Skadi, trae una horrible serpiente, a la que atan sobre él de tal forma que su veneno goteará sobre su rostro.

Y allí permanece Loki, tal como dijo Skadi, atado e indefenso en una cueva oscura y húmeda. Sin embargo, Loki no está solo. Skadi decide quedarse con él, sosteniendo devotamente un plato de madera sobre su cabeza para recoger el veneno de serpiente que gotea. Cuando está lleno, y ella se marcha para vaciarlo, el veneno de serpiente que cae sobre la cara de Loki lo hace luchar tanto que hace temblar la tierra.

THE PUNISHMENT OF LOKI.

El castigo de Loki[10]

Capítulo doce - Ragnarök, el crepúsculo de los dioses

«El sol se vuelve negro, la tierra se hunde en el mar,
las estrellas calientes bajan, del cielo se arremolinan;
feroz crece la corriente, y la llama que alimenta la vida
hasta que el fuego salte alto, sobre el mismo cielo».
Völuspá, la *Edda poética*[i].

El fin del mundo, el Ragnarök, se predice en las Eddas. De forma poco habitual, la *Edda poética* y la *Edda prosaica* están, más o menos, de acuerdo en cuanto a los detalles de este Armagedón vikingo.

Comienza con los inviernos más amargos: tres años consecutivos de vientos cortantes, hielo y nieve. Nada puede crecer, no hay comida que encontrar, y los seres civilizados vuelven al salvajismo para sobrevivir. Los padres matan a sus hijos, los hermanos masacran a sus hermanos y la sociedad civilizada caerá en el olvido en una extraña orgía de incesto. «Una era del hacha, una era de la espada, una era del viento, una era del lobo», resume la völva para Odín en *Völuspá* cuando describe el preludio de la gran batalla[ii].

---

[i] La *Edda Poética*. Traducido por Carolyne Larrington. Snorri Sturluson. Oxford University Press, 2014.

[ii] La *Edda Poética*. Traducido por Carolyne Larrington. Snorri Sturluson. Oxford University Press, 2014.

El advenimiento de la batalla propiamente dicha es anunciado por Sköll y Hati, enormes y hambrientos lobos celestes que han estado cazando al sol y a la luna desde su creación. Finalmente, consiguen atrapar y devorar a su presa con todo el derramamiento de sangre y las vísceras que se esperan de una muerte así. Los cielos quedan oscuros y vacíos.

En este ominoso preludio del final, las nornas están plenamente ocupadas, tejiendo afanosamente los hilos del destino y decidiendo los destinos de los dioses, los jǫtnar y la humanidad.

El árbol del mundo Yggdrasil comienza a temblar, lo que provoca que las cadenas que sujetan al temible lobo Fenrir, que se encuentra en un estado de furia frenética tras haber sido engañado y mantenido cautivo durante tanto tiempo, se doblen y se rompan. El otro monstruoso vástago de Loki, la colosal serpiente Jörmungandr, surge del mar. Su frenético retorcimiento hace que el horrible y fantasmal barco *Naglfar* (hecho con las uñas de manos y pies de hombres y mujeres muertos) rompa sus amarras y zarpe hacia Vígríðr («llanura donde surge la batalla»), donde, según la profecía, tendrá lugar el conflicto final. *Naglfar*, del que a veces se dice que está capitaneado por Loki, transporta al gigante de hielo Hrym y a su pueblo. El barco servirá de transbordador para llevar a los gigantes de escarcha a la guerra.

Odín comprenderá que ha llegado el día del Ragnarök tras consultar la cabeza cortada de Mímir. Entonces abrirá las puertas del Valhalla y su ejército, los *einherjar*, armados y preparados, marcharán sobre Vígríðr. Es un campo «de cien leguas de largo y otras tantas de ancho», según *Vafþrúðnir* en la *Edda poética*. Odín los dirige, junto con los dioses de los æsir y los vanir.

Al mismo tiempo, el cielo se astillará y resquebrajará, permitiendo que el gigante de fuego Surtr —que sostiene en alto su espada que brilla más que el sol— guíe a los demonios o gigantes de fuego desde Muspelheim. Asaltarán el puente arcoíris Bifröst, que se desmorona a su paso, alertando a Heimdal, el vigilante de los dioses. Heimdal hará sonar el Gjallarhorn, el cuerno encantado que podía oírse en todos los reinos, llamando a todos a la guerra.

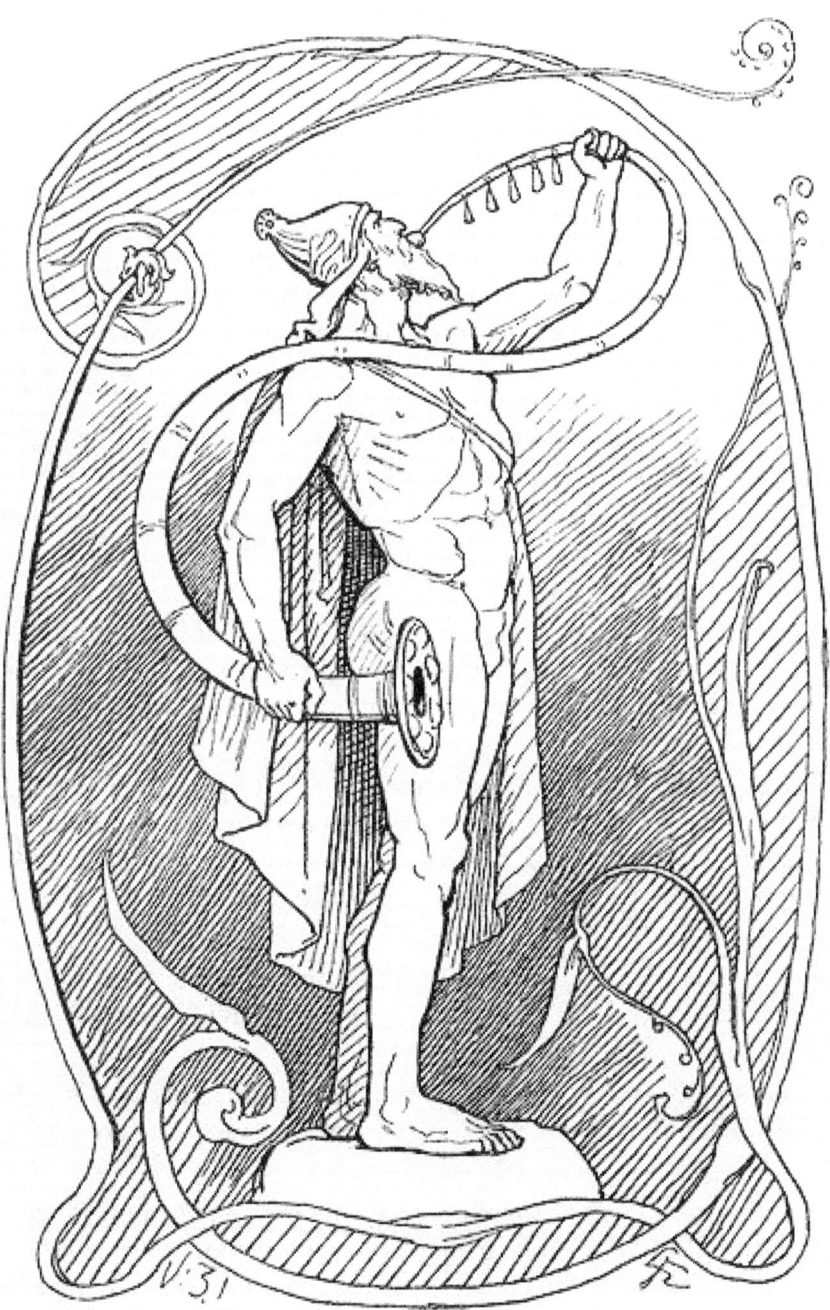
Una representación del siglo XIX de Heimdal soplando el Gjallarhorn[11]

Mientras la cabeza de Mímir cae al suelo, el *Völuspá* se refiere a Yggdrasil por última vez:

«Yggdrasil tiembla,

la ceniza, tal como está.

El viejo árbol gime,

y el gigante se libera»[1].

Comienza la batalla final. Los *einherjar* luchan valientemente, tal y como habían practicado durante su larga estancia en el Valhalla. Fenrir se acerca a Odín, con fuego ardiendo en sus ojos y fosas nasales. Tras una poderosa batalla, Fenrir devora a su enemigo. El hijo de Odín, Vidar, el silencioso dios de la venganza, ejecuta la venganza para la que nació. Lleva un zapato hecho con todo el cuero desechado por los zapateros de Midgard. Según el *Gylfaginning* de la *Edda prosaica*, pisa la mandíbula inferior de Fenrir y luego le agarra la superior con una mano. Con la otra mano, Vidar clava su espada profundamente en la garganta de la bestia, matándola.

Thor se enfrenta a su viejo enemigo, la serpiente Jörmungandr. Tras una lucha agotadora, Thor regresa tambaleándose, victorioso, pero tras dar nueve pasos, él también está muerto, por haber ingerido demasiado veneno.

El blanco y brillante Heimdal lucha contra Loki, que ha escapado de sus ataduras. Se matan mutuamente. El poderoso dios de la guerra, Tyr, lucha contra el sabueso infernal Garmr. (En el poema *Völuspá* de la *Edda poética*, sus aullidos desde Hel advierten de la llegada del Ragnarök). Ambos mueren.

El dios vanir Freyr se enfrenta a Surtr, pero como este ya no tiene armas, habiendo regalado su espada durante su cortejo a Gerd, es inútil. Tyr es rápidamente asesinado.

Con todos los dioses antiguos derrotados, Surtr levanta su espada y los reinos se hunden bajo el mar, dejando un gran vacío de la nada. Es el fin.

El tiempo pasa. Sól (o Alfrödull) tuvo una hija inmediatamente antes de ser devorada por Sköll. La nueva Sól (como fue bautizada) es tan bella como su madre y toma las riendas del carro que su madre guio una

---

[1] La *Edda Poética*. Traducido por Carolyne Larrington. Snorri Sturluson. Oxford University Press, 2014.

vez por los cielos.

Un nuevo mundo comienza a evolucionar. En el campo de Iðavöllr («llanura del esplendor»), donde antes había estado la ciudad de Asgard, se reúnen los dioses supervivientes. Aparecen los hijos de Odín, Baldr y Höðr, así como sus hermanastros Vidar y Váli, este último superviviente del Ragnarök. Los hijos de Thor, Magni y Möði, también están allí con el martillo de Thor, Mjölnir. Es de suponer que también hay otras diosas y dioses que sobrevivieron, pero no se nombran en las Eddas.

Estos nuevos dioses se dispusieron a crear un nuevo mundo para ellos. «Erigieron santuarios y templos; fraguaron forjas y forjaron minerales, forjaron tenazas y fabricaron herramientas»[i]. Construyen la resplandeciente ciudad de Gimlé y viven en un salón con un reluciente techo dorado.

En cuanto a la humanidad, un hombre llamado Líf («vida») y una mujer llamada Lífprasir («vida del cuerpo») consiguen sobrevivir. Se habían ocultado en un bosque (o árbol) llamado Hoddmímis holt. Al renacer, se sustentan con el rocío de la mañana y rinden culto a Baldr. Gracias a ellos y a sus hijos, el mundo volverá a repoblarse.

«Ahora veo, la tierra de nuevo

levántese todo verde, de las olas otra vez;

las cataratas caen y el águila vuela,

y pesca, bajo los acantilados».

Völuspá, la *Edda poética*[ii].

---

[i] La *Edda Poética*. Traducido por Carolyne Larrington. Snorri Sturluson. Oxford University Press, 2014.

[ii] La *Edda Poética*. Traducido por Carolyne Larrington. Snorri Sturluson. Oxford University Press, 2014.

Conclusión

Pocas culturas siguen fascinándonos como la de los vikingos, y la popularidad de los mitos nórdicos continúa perdurando.

Los personajes más grandes que la vida, sus cualidades reconocibles y los mundos fantásticos en los que existen tienen un atractivo irresistible que ha capturado la imaginación de escritores, artistas, compositores e intérpretes a lo largo de los siglos.

Shakespeare estuvo influido por la mitología nórdica. Las brujas de *Macbeth* podrían ser fácilmente nornas, y algunas de las relaciones, en particular las que existen entre Loki y los demás dioses, tienen eco en sus obras. *Hamlet*, posiblemente la obra más poderosa de Shakespeare, trata de la venganza y la corrupción moral, y se basa en la antigua historia de Amleth, la historia del nieto del rey vikingo Rorik. En la leyenda, el celoso Feng mata a su hermano para casarse con Gerutha (la madre de Amleth), y Amleth finge estar loco para salvarse de las maliciosas intenciones de Feng. Feng envía a su ingenuo hijastro a Inglaterra con dos de sus hombres y una carta ordenando su ejecución, pero Amleth la altera para que sea una orden para que maten a sus escoltas y se casen él con la hija del rey. Después, regresa a Jutlandia, donde encuentra a Feng festejando con sus nobles. Amleth quema el gran salón y mata a Feng para vengar a su padre. Como las Eddas no se tradujeron durante su vida, Shakespeare se familiarizó con las historias a partir de tradiciones orales o de relatos u obras de teatro perdidos hace mucho tiempo.

El compositor del siglo XIX, Richard Wagner, se sumergió en la *Edda poética* y la *Edda prosaica*, convencido de que la cultura medieval encerraba verdades profundas que podrían ayudar a explicar el sentido de la vida. Sus óperas, como *Das Rheingold*, que narra la historia de Andvari, el enano que forjó un anillo mágico que fue robado por Odín (Wotan) para pagar la construcción del Valhalla, reflejan su fascinación por el tema.

El Señor de los Anillos de J. R. R. Tolkien está impregnado de mitología vikinga reformulada. Por ejemplo, está el uso de las runas y las diversas tierras que se comparan con los reinos de Midgard, Álfheim y Svartálfheim. Tolkien entrelazó sus tierras y sus habitantes con lugares y personas reales. Su personaje central, Gandalf, se compara a menudo con Odín.

El misterioso, ilusorio, omnisciente y barbudo personaje con un tufillo a brujería, el padre de todo, Odín, es un pilar de la fantasía y la ciencia ficción. Este personaje ofrece protección y guía a los buenos. Su reflejo puede verse en las películas de *La Guerra de las Galaxias* como Obi-Wan Kenobi y en la franquicia de *Harry Potter* como el profesor Dumbledore. Al igual que Odín, Dumbledore tiene que enfrentarse a complicados problemas relacionados con las profecías.

En la literatura infantil, las *Crónicas de Narnia* tienen algo más que una pizca de mitología vikinga cristianizada (el antepasado de Aslan era Balder el Hermoso). El encantador y premiado programa de animación y los libros del simpático vikingo Noggin el Nog deleitaron e informaron a los más pequeños en el siglo pasado. Los jugadores del juego de rol *Calabozos y dragones* probablemente estén muy familiarizados con las diversas criaturas y entidades que veneraban los vikingos.

Más recientemente, Thor y Loki han cautivado los corazones y las mentes de todo un nuevo público con los cómics de Marvel, los juegos y las taquilleras películas dedicadas a las aventuras de Thor y Loki. Estos aguerridos guerreros seguramente atraerían a las culturas escandinavas de donde son originarios.

Pero para los vikingos y sus antepasados, cuando la vida era dura y desconcertante, las historias de los nueve reinos, los dioses, diosas y otros seres, y la creación del cosmos y su destrucción final les ayudaban a dar sentido al mundo que los rodeaba. El ciclo de la vida y la inevitabilidad de la muerte, en los que se enmarcan los mitos, eran conceptos a los que estaban muy acostumbrados. Sin embargo, con los mitos, eran más capaces de aceptar el caos y lo inexplicable.

Los mitos son mucho más que historias interesantes. Eran cuentos con moraleja que advertían sobre las consecuencias del mal comportamiento y proporcionaban a los impresionables jóvenes nórdicos héroes a los que aspirar. Proporcionaban horripilantes historias de terror para emocionar y asustar, comedias para divertir y deleitar, y romances con bellos personajes que superaban las adversidades para sus finales felices.

No puede haber muchos que hayan leído o escuchado mitos y leyendas vikingos sin imaginarse a los viejos y enjutos ancianos nórdicos acurrucados alrededor de un cálido fuego en los oscuros meses de pleno invierno con sus extensas familias y contando las historias que habían aprendido de niños con gran fruición y dramatismo. Imagine los ojos muy abiertos de los más pequeños, deleitándose con las aventuras de Odín, los æsir y los vanir, burlándose cuando los enanos asesinos obtenían su merecido y aferrándose a sus madres ante la mención de Jörmungandr y Fenrir.

A través de estas historias extraordinarias y complejas, podemos conectar con el pasado y con nuestros antepasados. Aunque los vikingos pertenecen al pasado, aún podemos celebrar este regalo que seguirá perdurando.

Vea más libros escritos por Enthralling History

Bibliografía

The Book of Viking Myths: From the Voyages of Leif Erickson to the Deeds of Odin, the Storied History and Folklore of the Vikings.
Peter Archer (Adams Media, 2017).

The Vikings.
René Chartrand (Osprey, 2016).

The Penguin Book of Norse Myths: Gods of the Vikings.
Kevin Crossley-Holland (Penguin, 1996).

In the Days of Giants: The Book of Norse Myths—The Beginning.
Abbie Farwell Brown (e-artnow, 2019).

Norse Mythology.
Neil Gaiman (Bloomsbury, 2017).

The History of the Danes.
Saxo Grammaticus (Traducido por Peter Fisher y editado por Hilda Ellis Davidson, 1979)

Myths of the Norse Men from the Eddas and Sagas.
H A Guerber (Obscure Press, 2010).

Mythology: Timeless Tales of Gods and Heroes.
Edith Hamilton (Little, Brown and Company, 1942).

Norse Mythology: A Guide to Gods, Heroes, Rituals, and Beliefs.
John Lindow (Oxford University Press, 2002).

Norse Mythology: Tales of the Gods, Sagas and Heroes.
Mary Litchfield (Arcturus, 2018).

Teutonic Myth and Legend—An Introduction to the Eddas and Sagas, Beowulf, the Nibelungenlied, etc.
Donald MacKenzie (Obscure Press, 2010).
The Elder Edda: A Book of Viking Lore.
Andy Orchard (Penguin Classics, 2011).
Tales of the Norse Gods and Heroes.
Barbara Leonie Picard (Oxford University Press, 1970).
The Children of Ash and Elm: A History of the Vikings.
Neil Price (Penguin, 2022).
The Poetic Edda (Traducido por Carolyne Larrington).
Snorri Sturluson (Oxford University Press, 2014).
The Prose Edda—Tales from Norse Mythology (Traducido por Jesse Byock).
Snorri Sturluson (Penguin Classics, 2005).
Volume 2 of Symeonis monachi Opera Omnia.
Symeon of Durham. Editado por Thomas Arnold (Oxford University Press, 1965).

Fuentes de imágenes

[1] https://commons.wikimedia.org/wiki/File:Edda.jpg
[2] https://commons.wikimedia.org/wiki/File:The_Ash_Yggdrasil_by_Friedrich_Wilhelm_Heine.jpg
[3] https://commons.wikimedia.org/wiki/File:The_Wolves_Pursuing_Sol_and_Mani.jpg
[4] https://commons.wikimedia.org/wiki/File:Odin_riding_Sleipnir.jpg
[5] https://commons.wikimedia.org/wiki/File:Ardre_Odin_Sleipnir.jpg
[6] https://commons.wikimedia.org/wiki/File:Tanngrisnir_and_Tanngnj%C3%B3str_by_Fr%C3%B8lich.jpg
[7] https://commons.wikimedia.org/wiki/File:Ah,_what_a_lovely_maid_it_is!_by_Elmer_Boyd_Smith.jpg
[8] https://commons.wikimedia.org/wiki/File:M%C3%A5rten_Eskil_Winge_-_Tor%27s_Fight_with_the_Giants_-_Google_Art_Project.jpg
[9] https://commons.wikimedia.org/wiki/File:Baldr_dead_by_Eckersberg.jpg
[10] https://commons.wikimedia.org/wiki/File:Louis_Huard_-_The_Punishment_of_Loki.jpg
[11] https://commons.wikimedia.org/wiki/File:Heimdal_by_Froelich.jpg

www.ingramcontent.com/pod-product-compliance
Lightning Source LLC
Chambersburg PA
CBHW070340010526
44107CB00004B/570